# OS 3 PILARES >>> DA MENTE MILIONÁRIA

GABRIEL ROCKENBACH

# OS 3 PILARES ≫ DA MENTE MILIONÁRIA

O **ambiente** em que você vive, as **companhias** que você tem e os **conteúdos** que você consome determinam seu caminho para uma vida de sucesso

Trend é um selo exclusivo do Grupo Ciranda Cultural
© 2024 Ciranda Cultural Editora e Distribuidora Ltda.

Texto
Gabriel Rockenbach

Editora
Nayra Ribeiro

Preparação
Mônica A. E. G. Costa

Revisão
Fernanda R. Braga Simon

Produção editorial
Ciranda Cultural

Diagramação
Linea Editora

Design de capa
Ana Dobón
Felipe Cerqueira

**Dados Internacionais de Catalogação na Publicação (CIP) de acordo com ISBD**

| R682t | Rockenbach, Gabriel. |
| --- | --- |
| | Os 3 pilares da mente milionária / Gabriel Rockenbach. - Jandira, SP : Trend, 2024. |
| | 160 p. ; 15,50cm x 22,60cm |
| | ISBN: 978-65-83187-26-0 |
| | 1. Autoajuda. 2. Finanças. 3. Autodesenvolvimento. 4. Negócios. I. Título. |
| 2024-2050 | CDD 158.1<br>CDU 159.92 |

**Elaborada por Lucio Feitosa - CRB-8/8803**

**Índice para catálogo sistemático:**
1. Autoajuda : 158.1
2. Autoajuda : 159.92

1ª edição em 2024
www.cirandacultural.com.br
Todos os direitos reservados.
Nenhuma parte desta publicação pode ser reproduzida, arquivada em sistema de busca ou transmitida por qualquer meio, seja ele eletrônico, fotocópia, gravação ou outros, sem prévia autorização do detentor dos direitos, e não pode circular encadernada ou encapada de maneira distinta daquela em que foi publicada, ou sem que as mesmas condições sejam impostas aos compradores subsequentes.

# AGRADECIMENTO

Primeiramente expresso minha profunda gratidão a Deus por guiar-me na jornada em direção à prosperidade. Foi seguindo aquilo que foi colocado por Ele em meu coração que hoje posso partilhar este livro. Em sua força, encontrei a resiliência necessária para escrever uma nova história de todas as áreas da minha vida, e agora posso multiplicar os ensinamentos em *Os 3 pilares da mente milionária*.

Agradeço à minha família de origem: ao meu pai, Roberto Rockenbach, a minha mãe, Vera Rockenbach, e ao meu irmão, Jorge Rockenbach. Vocês são uma fonte de inspiração e motivação, mostrando por meio de exemplos que vale a pena ser verdadeiro, fazer o bem e servir a todos, independentemente de quem seja.

Com honra, trago os aprendizados da lavoura simples de onde viemos, dos conselhos paternos sobre mantermos um bom nome perante a sociedade, da forma solícita materna em auxiliar o próximo e da determinação do meu irmão para inspirar os mais jovens.

A conduta e os valores morais de vocês estão em mim, e sou grato por me inspirarem nos primeiros passos do meu propósito maior: a família. Foi pensando em proporcionar um futuro melhor para vocês e para a família que construí que me dediquei integralmente a fazer o que precisava ser feito.

Minha querida e amada Luana Rizzo Cazzola Rockenbach, gratidão é a palavra que posso repetir todos os dias por você me permitir estar ao seu lado. Poderia dedicar um livro inteiro para descrever sua beleza, seus talentos, sua forma extraordinária de viver. Admiro sua busca incessante pela excelência e seu comprometimento de longo prazo. Ao seu lado vivo um sonho realizado: construir uma família, levar nossa mensagem para o maior número de pessoas e impactá-las, viajar por dezenas de países e ver o nascimento da nossa filha, Mel.

Sinto-me mais forte ao seu lado, continuando a me fortalecer cada dia mais. Você é uma mulher poderosa. Agradeço pela sua preocupação e dedicação ao bem-estar e à vida das pessoas que você salva como médica e agradeço a tudo que já fez por mim e por toda a nossa família. Admiro seu poder de se reinventar e de fugir do óbvio, nunca se contentando com o estado atual, mesmo que seja maravilhoso. Você sempre busca mais. Admiro sua paciência e sua visão de longo prazo, uma mãe exemplar, que se reinventou completamente para se dedicar a nossa princesa.

E você, querida Melina Rizzo Cazzola Rockenbach, motivo de indescritível felicidade, enquanto eu elaborava este livro você estava na barriga da mamãe, e eu dizia que seria um presente para sua juventude, pois aqui contém um mapa do tesouro a quem ler.

Você chegou da forma mais linda e emocionante, em meio ao lançamento de um projeto da empresa do papai. Havia centenas de pessoas ao vivo pela internet, quase não conseguimos chegar ao hospital, contamos com auxílio de uma viatura de polícia, de um motoboy, de uma van em pleno trânsito do Rio de Janeiro. Sua família é assim, cheia de emoção, histórias e amor, criando um mundo incrível para você. Gratidão eterna por sua vida, por seu sorriso e por sua forma de nos alegrar.

Agradeço a todas as pessoas que tive ao meu lado no meu processo de desenvolvimento, principalmente meus mentores. Foram eles que me proporcionaram saltos de experiência e conhecimento.

Em especial quero destacar meu primeiro mentor, Ramon Tessmann: com ele tive grandes aprendizados, novas perspectivas de vida e conhecimento. Hoje, já faz mais de dez anos que nos conectamos pela primeira vez e, mesmo a distância, mesmo sem ele saber, continua sendo meu mentor. Muitos aprendizados e ensinamentos daquele tempo aplico em meu dia a dia hoje.

Também quero gravar nestas páginas o nome de Rafael Wisch, meu amigo, sócio e grande mentor, uma pessoa única, com quem compartilho inúmeros aprendizados de vida, forma de trabalhar e produzir. Você é um gênio da gestão e da tecnologia, uma das poucas pessoas que conheço no mundo com altas habilidades, capaz de criar empresas bilionárias.

Sou grato à empresa que construímos juntos, a Greenn, incluindo todo o nosso time e clientes que possibilitam um espaço para aplicar na prática os conceitos e conteúdos que ensino em *Os 3 pilares da mente milionária*.

Por fim, um agradecimento especial à pessoa que tornou este livro possível, a Flavioleta Diana, que me acompanhou neste projeto. Ela aceitou a ideia e o conhecimento que eu trazia, organizou para uma leitura fluida. Sua dedicação e sua experiência me auxiliaram a buscar as melhores narrativas. Com toda certeza você é a melhor pessoa para transformar ideias brutas em livros capazes de transformar milhares de vidas.

# SUMÁRIO

Apresentação .................................................................. 13

RUMO AO MILHÃO: ESTRATÉGIAS PARA
TRANSFORMAR SONHOS EM FORTUNA ..................... 17

AMBIÊNCIA: COMO TER A MENTE ASSERTIVA,
CONECTADA COM OS VENCEDORES............................ 21

TRANSFORMANDO SUA MENTE PARA
TRANSFORMAR SUA VIDA ............................................. 37

COMO RECONHECER OS 3 PILARES DA
MENTE MILIONÁRIA ....................................................... 45

    1. Primeiro pilar: Ambiente que frequentamos ...... 47

    2. Segundo pilar: Conteúdos que consumimos ...... 52

    3. Terceiro pilar: Pessoas com quem convivemos .. 58

## APRENDENDO A CONHECER AS PESSOAS COM QUEM CONVIVEMOS ........ 67

Amizades positivas .................. 70

Amizades neutras .................... 70

Amizades desnecessárias ......... 71

## CAMINHANDO NA DIREÇÃO DA MENTE MILIONÁRIA ... 75

1. Você é a pessoa mais importante! ............ 77
2. Os ladrões de tempo .................. 81
3. Cuide da autoestima ................. 85
4. Treine a autoconfiança .............. 88
5. Cuide de você e da sua saúde em primeiro lugar .................. 91
6. Mantenha sua missão alinhada ao seu propósito de vida .................. 93
7. O caminho do propósito .................. 97
8. Envolvendo sua família no seu propósito .......... 100
9. O segredo das realizações .................. 107
10. Aonde você deseja chegar? .................. 111
11. Resiliência: a prova para ver se você realmente quer o que diz querer .................. 115

12. Seja grato ............ 118
13. Meditação ............ 121
14. O posicionamento do sucesso ............ 123
15. Gerando conexões saudáveis ............ 127
16. O grande erro na comunicação ............ 131
17. Construindo seu caminho para a mente milionária utilizando a comunicação ............ 135
18. Os três passos da comunicação de sucesso ............ 139
19. Gere reciprocidade ............ 141
20. Utilize o storytelling ............ 143
21. Construindo sua narrativa ............ 147
22. Descubra o valor do seu esforço ............ 151

Conclusão ............ 155
Mensagem do autor ............ 159

# APRESENTAÇÃO

Neste instante, o relógio marca 11h40. É sábado de Aleluia, dia 8 de abril de 2023. Estou em um quarto de hotel em Angra dos Reis, interior do Rio de Janeiro. Lá fora a chuva não dá trégua, e um filme passa em minha cabeça enquanto escrevo estas palavras.

Eu e minha esposa tínhamos programado esta viagem há algum tempo. Gostamos de viajar, de conhecer novos lugares e novas pessoas, mas uma estranha sensação tomava conta do meu coração e não me deixava sentir paz; estava inquieto como se minha mente quisesse me dizer para prestar atenção em algo.

Horas antes de eu estar aqui, vivi uma experiência que motivou a escrita deste livro. Havíamos programado um passeio de lancha com algumas pessoas. Estávamos superanimados, imaginando como seria bom curtir o sol de um dos locais mais lindos da costa brasileira; porém, eis que, enquanto aguardávamos a chegada do barco, observamos o comportamento das pessoas que iriam com a gente.

Era como se a única preocupação delas fosse a festa, com o objetivo de beberem o dia todo e permanecerem com o estado de consciência alterado, seguindo noite adentro sem hora para acabar.

Entenda que não estou aqui para julgar as escolhas ou os motivos de aquelas pessoas optarem por esse tipo de passeio, mas definitivamente não era o que havíamos programado para nós.

Nos últimos anos me preparei para estar nos locais que ocupo hoje. Saí de Restinga Seca, uma pequena cidade do interior do Rio Grande do Sul, onde durante boa parte da minha infância trabalhei como agricultor, junto dos meus pais, para estar em um dos mercados mais prósperos da atualidade.

Com experiência de mais de uma década no universo digital, hoje muitas pessoas do mercado me reconhecem como um especialista em negócios na internet – ao longo da minha jornada em meus produtos de educação on-line, já tive mais de 30 mil alunos pagantes e hoje sou sócio de uma das plataformas de pagamento para construção de negócios de educação on-line, a *Greenn*, uma das empresas do segmento que mais cresce no Brasil.

Para crescer, precisei me lapidar muitas vezes em relação ao *ambiente* que frequentava. Foram dezenas de transformações. Mudei a forma de me posicionar, de me vestir, de falar, deixei de estar em alguns lugares e passei a frequentar outros, ressignifiquei crenças internas, superei medos, desbloqueei objeções, dediquei-me a cursos, livros, imersões, conectei-me com novas pessoas, fiz novos amigos e sempre estive preocupado com algo que costumo chamar de "ambiência", um estudo profundo feito por mim, para que eu pudesse viver meus objetivos e realizar todos os meus sonhos.

Não entrei naquele barco. Saí um pouco zonzo, silencioso, refletindo sobre o que me fez ter resultados exponenciais e por que locais como aquele não geravam desejo em mim. Ao contrário, me faziam querer sair dali. Concluí, então, que foi o processo de busca, de evolução e até de dores e sofrimentos que vivi para chegar aonde cheguei que me fez ter um olhar diferente sobre o que é desfrutar a vida, sobre o que é realização e sobre como atingir resultados dedicando-nos à lapidação de quem somos.

Estar naquela ambiência me fez me dar conta da história da minha vida e perceber a força do tema que tenho trazido em minhas imersões, cursos ou reuniões com donos de negócios nos últimos tempos: a *ambiência*.

Observei na prática que uma ambiência negativa, ainda que em uma fração de segundo, pode trazer reflexos irreversíveis nos negócios ou na vida, podendo acarretar resultados com consequências custosas. Minha alma vibrou ao pensar que algo que não havia sido bom para mim me aproximou completamente do que mais amo falar e defendo com unhas e dentes.

Alinhado ao propósito que me trouxe até aqui, seguindo os três pilares que fazem parte do dia a dia de uma mente milionária, divido hoje com você os meus aprendizados e tenho certeza de que quem aplicar esses conhecimentos também se sentirá assim. Este livro é um instrumento para quem deseja alcançar objetivos, realizar sonhos, estar em contato com novas pessoas, ser bem-sucedido e realizado. Foi por meio desses três pilares – lugares que você frequenta, pessoas com quem você se conecta, conteúdos que você consome – que atingi meus objetivos e cheguei aos resultados que hoje tenho: materializei o sonho de ter uma família linda, uma esposa maravilhosa, por quem tenho muita admiração, e uma filha que mais parece um pequeno anjo e faz meus olhos se encher de emoção a cada sorriso; conquistei amigos leais e uma empresa próspera, que contribui com centenas de milhares de pessoas e possibilita a milhões o acesso a cursos que transformam suas vidas, além de ter uma forte marca pessoal no mercado. Nada foi do dia para a noite, nada foi sorte do acaso, mas, sim, um conjunto de coisas que me levou a diariamente mudar minha mentalidade e minha ambiência.

Neste livro, você encontrará conteúdos exclusivos – aprendidos, ao longo da vida, na base do "acerto e erro" –, conhecimentos práticos e páginas pensadas, a fim de que você possa escrever a própria história rumo aos seus objetivos.

Nós nos encontraremos no topo da montanha, e quero estar ao seu lado, comemorando e valorizando o que você viveu. Dedique-se à sua jornada de construção de projetos de vida, sabendo da alegria ao colher resultados.

Se você está disposto a colocar ações em prática e, de uma vez por todas, mudar sua mente para uma mente milionária, siga a leitura comigo!

Gabriel Rockenbach

# RUMO AO MILHÃO: ESTRATÉGIAS PARA TRANSFORMAR SONHOS EM FORTUNA

Não adianta apenas querer, sonhar, idealizar. É preciso agir. E agir da maneira mais assertiva possível. Afinal, a busca pelo sucesso financeiro e a realização pessoal é uma jornada a que muitos aspiram, mas poucos realmente alcançam.

Em um mundo repleto de desigualdades, entender o que diferencia aqueles que prosperam daqueles que lutam para sobreviver é fundamental. *Os três pilares da mente milionária* desvenda os segredos da mentalidade que leva ao sucesso, oferecendo um guia prático e transformador para quem deseja trilhar o caminho da prosperidade.

Para obter sucesso, o primeiro passo é transformar a sua mente. A mente milionária não é apenas um conceito abstrato, mas uma realidade tangível, que pode ser cultivada e desenvolvida. E, para alcançá-la, é fundamental compreender e implementar três pilares chamados de *ambiência*, um conceito que abrange e atinge todas as áreas da vida humana, de forma tanto negativa quanto positiva. É a palavra-chave para ir em busca do sucesso e não falhar! Não basta apenas ter força de vontade.

São eles:

- *Ambiente em que vive:* o ambiente que frequentamos tem um impacto significativo em nosso sucesso. É ele que determina quais passos vamos seguir e qual destino estamos traçando para nosso futuro, independentemente de nossa classe social, de nosso berço financeiro ou cultural.
- *Conteúdo consumido:* aquilo que nos nutre, o que aprendemos diariamente, os exemplos que temos diante de nós e as oportunidades são fundamentais para embasar uma vida de sucesso.
- *Pessoas com quem se conecta:* atribuída ao filósofo e pensador francês Hippolyte Taine, a frase "O homem é produto do meio" nunca antes foi considerada tão verdadeira. Taine argumentava que o comportamento humano e as realizações culturais são sempre moldados pelo ambiente em que a pessoa vive e principalmente com quem ela convive.

# AMBIÊNCIA: COMO TER A MENTE ASSERTIVA, CONECTADA COM OS VENCEDORES

Os aspectos mais importantes de uma ambiência positiva e vencedora são:

- *Influência social:* As pessoas ao nosso redor podem nos inspirar ou desmotivar. Estar cercado por indivíduos motivados e bem-sucedidos pode nos incentivar a buscar nossos próprios objetivos com mais determinação. Em contrapartida, um ambiente onde prevalece a negatividade pode minar nossa confiança e ambição.
- *Recursos e oportunidades:* Ambientes ricos em recursos e oportunidades, como acesso a boas escolas, bibliotecas, mentores e redes de contatos, facilitam o desenvolvimento pessoal e profissional. A falta desses recursos pode limitar nosso crescimento e nossas chances de sucesso.
- *Cultura e normas:* A cultura do ambiente influencia nossos comportamentos e atitudes. Ambientes que

valorizam a educação, a inovação e o esforço tendem a fomentar o sucesso. Normas culturais que desvalorizam essas qualidades podem fazer o contrário.
- *Ambiente físico:* O espaço físico também é crucial. Ambientes limpos, organizados e bem-equipados podem melhorar nossa concentração e produtividade. Lugares desorganizados e barulhentos podem ser distrações e reduzir nossa eficiência.
- *Apoio e feedback:* Ter um sistema de apoio, seja da família, seja de amigos, seja dos colegas, proporciona motivação e ajuda em momentos difíceis. Receber um feedback construtivo nos permite aprender com nossos erros e melhorar continuamente.
- *Estímulos e desafios:* Ambientes que oferecem desafios e estímulos intelectuais nos ajudam a crescer. A monotonia ou a falta de desafios pode levar à estagnação.

Escolher conscientemente os ambientes que frequentamos e buscar aqueles que nos impulsionam é uma estratégia importante para alcançar o sucesso.

A ambiência é muito mais ampla do que o *network*, pois ela afeta de forma consciente ou inconsciente nossos costumes, práticas, hábitos, direcionamentos de vida, objetivos e, principalmente, materialização de desejos.

O que fazem seus amigos mais próximos?

Se os cinco amigos aos quais você mais está conectado vão a muitas festas, vivem fazendo loucuras, usando drogas, bebendo como se não houvesse amanhã, sendo totalmente irresponsáveis, você será o sexto.

Se vivem preocupados com o dia de amanhã, dizendo que dinheiro é difícil, que a vida não é fácil, reclamando de tudo, armazenando mágoas de pessoas, você achará que é normal reclamar da vida, acreditará que é mesmo difícil e, tenha certeza, estará certo: realmente a vida será dura e difícil para você.

Se riem de pessoas que se posicionam na *internet* e que criam conteúdo e os rotulam de charlatões e mentirosos, você não vai ter coragem de pegar o celular para gravar um vídeo e postar em seu perfil, ainda que seu grande sonho seja viver isso, porque você já sabe de antemão como o estarão julgando.

Isso tudo acontece porque os seres humanos aprendem em grupo, são influenciáveis, captam frequência e vibração, agem por meio da observação, desenvolvem-se a partir do ambiente.

Se em um círculo de "amigos" alguns deles roubam e consideram essa atitude normal, provavelmente aquele que tem senso moral desenvolvido ou será zombado e ridicularizado, a ponto de se sentir obrigado a começar a praticar as mesmas ações impróprias, ou, pela lei natural, será expulso do grupo.

A ambiência, em sua forma mais ampla, envolve decisões. Aquilo que você não aceita mais para sua vida, que decide transformar, realizar ou alcançar, é o posicionamento que você assume e sustenta a ponto de naturalmente procurar pessoas, lugares e experiências de quem vive ou deseja viver o que você almeja.

## CASE 1 - MUDANDO DE AMBIENTE

Clara cresceu em um bairro distante do centro cultural de uma grande cidade. Apesar de desde muito cedo ela demonstrar inteligência aguçada e curiosidade insaciável, o ambiente em que vivia não oferecia muitas oportunidades para ela desenvolver seu potencial. As escolas eram mal equipadas, a criminalidade era alta, e a maioria dos jovens ao seu redor não tinha aspirações de buscar algo além daquilo que viam diariamente. Clara, no entanto, sempre acreditou que poderia alcançar mais.

Determinada a mudar seu destino, Clara passou a frequentar uma biblioteca pública localizada a alguns quilômetros de sua casa. Lá, ela se apaixonou por livros de negócios e histórias de sucesso. Inspirada por essas leituras, Clara decidiu que iria estudar Administração de Empresas. Com muito esforço e dedicação, ela conseguiu uma bolsa de estudos para uma universidade de renome na cidade.

Ao ingressar na universidade, Clara se viu em um ambiente totalmente diferente. Estava cercada por colegas que também eles tinham grandes ambições e por professores que *estimulavam o pensamento crítico e a inovação. As facilidades da universidade, como centros de pesquisa, laboratórios de informática e uma vasta biblioteca, proporcionaram a Clara todos os recursos que ela sempre desejou para expandir seu conhecimento.*

*Durante seus estudos, Clara fez questão de se envolver em atividades extracurriculares. Ela se tornou membro ativo do clube de empreendedorismo, onde pôde trocar ideias com outros estudantes e participar de competições de startups. Um de seus projetos chamou a atenção de um mentor da indústria, que viu potencial em sua ideia e decidiu investir.*

*Com o apoio do mentor, Clara conseguiu um estágio em uma grande empresa de tecnologia. Este estágio não só proporcionou experiência prática, mas também ampliou sua rede de contatos profissionais. Clara aproveitou cada oportunidade para aprender e se destacar. Seu trabalho duro foi reconhecido, e ela foi contratada pela empresa assim que se formou.*

*Trabalhando em um ambiente corporativo dinâmico, Clara continuou a prosperar. Ela participou de programas de desenvolvimento de liderança e, graças à sua dedicação e competência, rapidamente subiu na hierarquia da empresa. Em poucos anos, Clara se tornou uma das gerentes mais jovens da organização.*

> *Clara nunca esqueceu suas raízes e o impacto que a mudança de ambiente teve em sua vida. Ela passou a participar de iniciativas de responsabilidade social da empresa, focando em programas de mentoria para jovens de comunidades carentes. Seu objetivo era proporcionar a esses jovens as mesmas oportunidades que ela teve, inspirando e capacitando-os a buscar um futuro melhor.*
>
> A história de Clara é um exemplo de como a mudança de ambiente pode ser transformadora. Ao se afastar de um ambiente limitador e buscar um que oferecesse recursos, desafios e oportunidades, ela conseguiu realizar seus sonhos e, ainda mais importante, tornou-se uma fonte de inspiração e apoio para outros que também enfrentam desafios semelhantes.
>
> Com determinação, resiliência e o ambiente certo, é possível superar adversidades e alcançar o sucesso. Seu impacto vai além de suas realizações pessoais, pois ela também contribui para a construção de um futuro melhor para sua comunidade.

Frequentar o ambiente que seja adequado ao que você almeja na vida é o antídoto para o fracasso, pois o bom ambiente é a nutrição, é o caminho da felicidade, é aquilo que você aprende a fazer não só para as coisas darem certo, mas também para quando as coisas saem de maneira errada. É um guia e uma voz mais experiente que já trilhou esse caminho antes de você.

Consequentemente, de qual lado deseja estar: o de uma ambiência que leva à ruína e ao fracasso ou o da que o leva à glória e ao sucesso pessoal, emocional e financeiro? Acredite: os dois caminhos são escolhas única e exclusivamente suas.

Tenha firmeza ao decidir, porque não decidir também é uma escolha.

Todos querem atingir os resultados ditados pelo mundo como sendo o verdadeiro sucesso. Mas o que é o verdadeiro sucesso?

É vencer e ser feliz, estar ao lado de quem é importante para você, ver os olhos dos seus filhos brilhando, ter amigos leais, saúde estabelecida, momentos de lazer, divertir-se na jornada de trabalho, sentir-se equilibrado emocionalmente.

O sucesso para cada pessoa pode ser diferente, mas eu trouxe este livro como um manual daquilo que eu e as pessoas mais próximas a mim aplicaram para realmente viver e desfrutar do sucesso.

Meu mais profundo desejo é que este livro alcance as mãos da minha filha quando ela começar a compreender mais sobre suas escolhas, e, com esse sentimento paternal, que também

> Tenha firmeza ao decidir, porque não decidir também é uma escolha.

mais filhos possam ter acesso a esse conhecimento e perceber qual é o real valor da vida.

Construa um ambiente saudável. Observe, por exemplo, famílias que se perdem por ter televisores como mais um morador da casa, ditando regras e condutas; por baladas aparentemente inofensivas se tornarem a única alegria da vida, e bebidas alcoólicas esconderem os verdadeiros problemas de infelicidade e insucesso como também desfrutar desse caminho de forma equilibrada, pois dinheiro é até mais fácil de conquistar. Viver o equilíbrio entre trabalho, sem abrir mão dos princípios e daquilo que é importante fazendo dinheiro, é o que há de mais precioso, e o caminho que conheço para alcançar essa fortuna é: *Estar na ambiência correta!*

Trabalhe e mantenha o foco no que é importante, esqueça as notícias de que o país vai mal e lembre-se: existem pessoas que entenderam o poder do ambiente que frequentam e estão vencendo, independentemente do cenário atual.

Há uma máxima que diz: "Ou você chora ou vende lenços". Este é um livro para os vendedores de lenços. Preste atenção quando estiver com pessoas que criticam, opinam ou simplesmente falam sobre a vida de outras pessoas pelas costas, pois *quem fala de alguém para você falará de você para alguém*. Sempre que ouvir alguém falando de outra pessoa, preocupe-se, olhe profundamente nos olhos dessa pessoa e tenha total certeza de que em breve alguém estará olhando para essa mesma pessoa e a ouvindo falar algo sobre você.

A verdade é que essa pessoa está falando mais sobre ela mesma do que sobre quem ela pensa estar contando uma fofoca. Evite a permanência e a conexão com pessoas assim, pois, como já dizia Eleanor Roosevelt, "mentes brilhantes discutem ideias e projetos; mentes comuns discutem eventos; e mentes medíocres discutem sobre pessoas".

Nem sempre tudo que parece bonito e divertido à primeira vista é, de fato, bom. O mal pode se revestir de bem, de colorido, de atrativo; porém, se você olhar bem direitinho, verá quem ele é. Para isso a atenção deve estar em foco, pois essa ilusão cria uma espécie de hipnose no tempo.

Provavelmente, olhando ao seu redor, você perceberá que conhece pessoas que se enganaram, que seguiram um caminho que não era bom, que se envolveram em práticas que as prejudicaram, e, quando perceberam, já era tarde e infelizmente muitas não conseguiram sair do fundo do poço.

Somos seres humanos, uma obra excepcional do Criador. Não somos qualquer coisa e, então, não devemos viver como qualquer um. Este livro foi criado para isso: para que você entenda como se cercar de pessoas que o levem para a frente, que o ajudem a materializar sonhos, a vencer mais, a ter mais qualidade de vida, a se posicionar diante do seu sonho e se sentir pronto para isso.

## CASE 2 - DIZE-ME COM QUEM ANDAS...

*Lucas sempre foi conhecido por sua inteligência e criatividade. No entanto, ele passou muitos anos cercado por amigos e colegas que não compartilhavam da mesma visão ambiciosa. Lucas trabalhava em uma pequena empresa onde seus colegas estavam mais preocupados em cumprir o expediente do que em buscar crescimento ou inovação. A falta de motivação ao seu redor começou a afetá-lo, tornando-o menos produtivo e menos entusiasmado com suas próprias ideias e projetos.*

*Frustrado com a falta de progresso, Lucas decidiu que era hora de uma mudança. Ele começou a se afastar das pessoas que o estavam puxando para baixo e procurou novas oportunidades para se conectar com indivíduos que compartilhassem de sua visão de crescimento e sucesso. Foi então que ele se inscreveu em um curso de desenvolvimento de startups, onde conheceu pessoas com mentalidades semelhantes.*

*No curso, Lucas encontrou um ambiente totalmente diferente. Ele estava rodeado por empreendedores aspirantes e mentores experientes, todos cheios de entusiasmo e energia. As conversas eram sobre inovação, oportunidades de mercado e como transformar ideias em negócios viáveis. Essa nova atmosfera foi um catalisador para Lucas, despertando novamente sua paixão e criatividade.*

*Durante o curso, Lucas fez amizade com três outros participantes que também tinham grandes ambições. Juntos, eles começaram a discutir ideias de negócios e a colaborar em projetos. A sinergia entre eles era palpável; cada um trazia habilidades e perspectivas únicas, complementando as ideias uns dos outros. Foi nesse ambiente colaborativo que Lucas teve uma epifania para um novo empreendimento.*

*Inspirado por uma necessidade que identificou no mercado, Lucas e seus novos amigos começaram a trabalhar em uma plataforma de e-commerce especializada em produtos artesanais e sustentáveis. Eles passaram noites e fins de semana desenvolvendo o conceito, criando um protótipo e testando suas ideias. A energia e a motivação do grupo eram contagiantes, e Lucas sentia-se revigorado e confiante como nunca antes.*

*Com o apoio de seus novos colegas, Lucas conseguiu levantar capital inicial através de um investidor-anjo que conheceu no curso. Eles lançaram a plataforma, e o negócio começou a ganhar tração rapidamente. A abordagem inovadora e o compromisso com a sustentabilidade ressoaram com um público cada vez maior. Lucas e sua equipe trabalharam incansavelmente, mas a diferença era que agora ele estava cercado por pessoas que o inspiravam e o motivavam a dar o seu melhor.*

> *Em poucos anos, a empresa de Lucas se tornou um dos principais players no mercado de e-commerce sustentável, com reconhecimento nacional e internacional. A empresa não só gerou lucros significativos, mas também teve um impacto positivo na comunidade de artesãos e produtores sustentáveis.*
>
> *Lucas nunca esqueceu a importância das pessoas ao seu redor. Ele fez questão de criar uma cultura corporativa positiva e inspiradora em sua empresa, promovendo o crescimento pessoal e profissional de seus funcionários. Ele também se tornou um mentor ativo, ajudando outros empreendedores a encontrar o caminho para o sucesso.*
>
> A história de Lucas é um exemplo poderoso de como a mudança de companhia pode ser transformadora. Ao se afastar de pessoas desmotivadas e se cercar de indivíduos inspiradores e ambiciosos, Lucas não só alcançou seus objetivos, mas também criou um legado duradouro. Sua jornada ilustra que o ambiente social certo pode ser a chave para desbloquear todo o nosso potencial e prosperar verdadeiramente.

No case acima, temos uma *ambiência de qualidade*, focada no desenvolvimento pessoal, na qual estamos prontos para elevar você de nível, independentemente de onde você esteja no mundo. A partir de agora, sinta-se membro e pronto para viver uma *vida de sucesso!*

Aplique o que lhe é ensinado, faça sua parte, siga o que lhe é proposto, reserve momentos de leitura, reflita onde você está e para onde deseja ir, pense sobre a ambiência que você vive e como ela está influenciando suas emoções, comportamentos e resultados.

*"Ou você escolhe sua ambiência ou será abraçado por uma que não deseja."*

# TRANSFORMANDO SUA MENTE PARA TRANSFORMAR SUA VIDA

Uma mente milionária vai além de pensar somente no ambiente ou no meio em que você está inserido; é estar disposto a olhar e fazer as devidas correções de rotas nas áreas da vida em que deseja alcançar novos resultados.

Trata-se de reestruturar, observar, estar atento às músicas que ouve e o que elas ensinam; treinar a percepção e notar como a organização da sua casa e da sua mente estão em sincronia; filtrar mensagens de um filme a que assiste e o que elas transmitem; perguntar-se se as pessoas que você segue nas redes sociais têm valores e princípios semelhantes aos seus e se estão alinhadas aos seus objetivos.

Uma nova ambiência é uma imersão em um novo mundo criado cuidadosamente por você para mudar sua vida, pois essas mudanças o levarão a alcançar toda a prosperidade que você merece.

Fique atento, pois, se você não escolhe a ambiência em que deseja estar, será a ambiência que o escolherá, com fortes chances de manter-lhe estagnado, paralisado, com hábitos e práticas que normalmente não são saudáveis nem sustentáveis para uma vida próspera.

Temo por pessoas que não refletem sobre a própria vida, que são presas fáceis, que naturalmente acabam sendo engolidas pela mídia, por jogos, distrações, festas e que seguem o ritmo automático, vivenciando o comportamento "manada", no qual todos reagem da mesma forma, sem ao menos saber por que estão fazendo isso.

Sem objetivo e consciência, a maioria não sabe como sair do círculo vicioso constituído de pensamentos, hábitos e ações; formam, assim, um destino nocivo que só pode ser transformado quando aplicamos o conceito de ambiência.

Mude os conteúdos a que assiste, que ouve e aos quais se conecta, bem como os ambientes que frequenta e nos quais transita. Viver novas experiências e permitir-se desfrutar de uma construção na qual você comemora diariamente por estar no caminho correto é experimentar uma vida cheia de realizações, vivendo bem mais que a média.

Você deseja mudar radicalmente de vida e alcançar até mesmo os sonhos aparentemente inalcançáveis? Dê atenção aos três pilares da mente milionária, pois sem ela é impossível desfrutar dos resultados que almeja.

Não negligencie assumir o controle das decisões na construção dos seus sonhos e objetivos. Já chega de ficar por aí em busca de mais uma solução rápida e milagrosa. Ouse ser simples, e isso o livrará de levar mais tempo para chegar ao objetivo.

Use a ambiência como um instrumento de realização. Defina o que você deseja materializar e, ao lado, escreva: ambiente, pessoas e conteúdo. Dentro da sua realidade, pense nos locais aos quais deverá ir, nas pessoas com quem deverá se conectar ou deixar de se conectar e qual conteúdo deverá consumir.

Desejo que, ao ler este livro, você se sinta responsável e capaz de construir uma nova realidade; afinal, cem por cento dessa construção está em suas mãos, pois você é aquilo que pensa. Aproveite a oportunidade para moldar sua trajetória, com plena consciência e direcionamento, rumo à felicidade e ao sucesso que tanto almeja.

Confie na jornada, ame a transformação, não se limite pensando ser um peixe em um aquário, por mais que muitas vezes já tenha se sentido assim. Também não seja um peixe que acaba sendo pescado porque não observou os anzóis e as fases da maré.

Não se permita ser um peixe que nada apenas em um riacho, sem imaginar que logo após a montanha existem rios e mares. *Você é um humano, capaz de mergulhar para descobrir os maiores sonhos e desejos e transformar os seus hábitos para viver uma nova realidade.*

> Mude os conteúdos a que assiste, que ouve e aos quais se conecta, bem como os ambientes que frequenta e nos quais transita.

Topa fazermos uma reflexão rápida sobre o momento atual que você está vivendo, para entendermos por que sua vida está assim?

## Se a resposta for positiva, então, vamos lá!

1. De zero a dez, em qual nível de satisfação você está com relação aos objetivos que sonhou estar alcançando hoje?

| 1 | 2 | 3 | 4 | 5 | 6 | 7 | 8 | 9 | 10 |

2. Agora me diga: você tem amigos próximos, convivendo diariamente com você, que têm os mesmos objetivos que os seus?

| SIM | NÃO |

3. Você frequenta ambientes que mantêm na sua mente seus sonhos e/ou objetivos reais? Por exemplo, se sonhou em morar em determinado bairro ou cidade, você frequentemente visita esse lugar?

| SIM | NÃO |

4. Na última semana, você fez algum treinamento on-line, leu algum material ou ouviu algum *podcast* que o ensinou algo que ainda não sabia sobre como alcançar seu objetivo?

| SIM | NÃO |

5. Quando você conversa com seus amigos sobre seus sonhos e objetivos, eles têm dicas práticas para dar que o ajudam a realizá-los?

☐ SIM ☐ NÃO

6. Quando você liga o rádio do seu carro, abre o seu Spotify, seu TikTok, Instagram ou YouTube, o conteúdo que começa a tocar é recomendado para você assistir, como um *podcast* ou vídeo ensinando-lhe algo novo rumo ao seu objetivo?

☐ SIM ☐ NÃO

7. Quando chega o final de semana, você chama amigos com o mesmo objetivo que o seu, ou que já o alcançaram, para se encontrarem e fortalecerem o relacionamento, conversando sobre as ideias e os projetos de cada um para conquistar as próprias metas?

☐ SIM ☐ NÃO

8. Nos últimos trinta dias, você leu algum livro que lhe ensinou algo novo para alcançar seu objetivo?

☐ SIM ☐ NÃO

9. Nos últimos trinta dias, você participou ativamente de algum evento em que pessoas com os mesmos objetivos que os seus se encontraram?

☐ SIM ☐ NÃO

10. Você tem um quadro de materialização, com fotos claras dos seus objetivos, em um lugar visível, onde possa vê-lo pelo menos uma vez por dia?

SIM  NÃO

Pronto! Agora as coisas são bastante simples. Você respondeu a dez perguntas. A quantidade de SIM indica, de zero a dez, sua chance de alcançar seus objetivos. Simples assim!

O primeiro passo para mudar alguma coisa é ter clareza do que você quer mudar. Então o convido a escrever abaixo tudo que já identificou que precisa mudar em sua ambiência, a fim de alcançar os objetivos que almeja para sua vida.

_____
_____
_____
_____
_____
_____
_____
_____
_____
_____

*"Dize-me com quem andas, que te direi quem és."*

# COMO RECONHECER OS 3 PILARES DA MENTE MILIONÁRIA

## 1. PRIMEIRO PILAR: AMBIENTE QUE FREQUENTAMOS

O primeiro pilar da tríade de uma mente milionária é *o ambiente ou os lugares que frequentamos*. Ele nos influencia social e culturalmente, podendo até alterar o estado emocional e mental que experimentamos no dia a dia.

Observar isso é fácil. Imagine como você se sente quando está em um ambiente calmo. Vamos detalhar mais: Imagine que hoje, uma manhã de domingo ensolarada, você acordou e foi respirar ar puro. Está andando calmamente sobre um gramado verde totalmente plano, existe um riacho passando à sua direita, e você ouve os pássaros felizes cantando na copa das árvores. Que sentimento esse ambiente gera em você? Quais as chances de você ter pensamentos positivos e edificantes para sua vida nesse ambiente?

Legal! Agora imagine que é sábado à noite, você está entre amigos que não agregam valor algum à sua vida, que estão bebendo, falando mal do trabalho, do chefe, de alguém que não está ali. Faça um esforço nos seus pensamentos agora: imagine que você não aceitou nenhuma bebida alcoólica oferecida por eles, apenas os está acompanhando, está no mesmo ambiente. Então, às quatro horas da madrugada, todos já alcoolizados (menos você), decidem ir a uma "balada" eletrônica, e você vai junto. Chegam ali às cinco horas da manhã, e você vê pessoas bêbadas caindo pelos cantos, dois marmanjos trocando socos e se xingando. Seus amigos estão "muito loucos", e você passa a se preocupar com eles. A festa eletrônica se estende e já são dez horas da manhã de domingo. Você está nesse ambiente caótico, preocupado com um soco que pode levar, com um amigo bêbado que pode fazer alguma besteira.

Portanto, repito as mesmas perguntas anteriores: Que sentimento esse ambiente gera em você? Quais as chances de você ter pensamentos positivos e edificantes para sua vida nesse ambiente?

Perceba que, nos dois exemplos, é uma manhã de domingo. Talvez até o espaço da balada eletrônica seja ao lado do gramado com o riacho do primeiro exemplo. Então o que mudou, fazendo com que você perdesse a oportunidade de ter pensamentos produtivos para ter pensamentos perturbadores? O que mudou foi o ambiente que você escolheu estar!

Só de imaginar, é possível notar que cada ambiente lhe traz emoções, sensações, hábitos, pensamentos e comportamentos. Alguns podem gerar certo desconforto, como ansiedade, medo, exaustão, ao passo que outros podem proporcionar mais tranquilidade e um clima de prosperidade.

O ambiente pode afetar ou facilitar os objetivos que você deseja realizar na vida. Não é preciso fazer muito esforço para se lembrar de um amigo que se deu mal por estar "no lugar errado, na hora errada".

Não entrarei aqui no mérito da espiritualidade nem do quanto não saber escolher o ambiente certo para estar pode aumentar (e muito) o atraso em sua vida.

Para analisar o primeiro pilar da sua ambiência, reflita sobre como são os ambientes que você frequenta hoje e o que trazem para sua vida. Eles deixam benefícios a médio e longo prazo ou simplesmente adiam e prejudicam seus sonhos e objetivos? Qual é a energia, a vibração desses ambientes?

Cada ambiente exige uma postura, uma forma consciente ou inconsciente segundo a qual as pessoas se comportam. Pode ser próspero: uma academia, um restaurante, uma livraria, um *mastermind* de negócios; ou um local que não traga benefícios, como um bar de esquina, com uma TV ligada transmitindo qualquer jogo de futebol, que mantém pessoas ali por horas, simplesmente hipnotizadas pelos efeitos daquela ambiência.

Quem é você nessa jornada? Acredito que seja uma pessoa que está disposta a escalar a montanha do crescimento pessoal, profissional e espiritual; a estar em ambientes que a levem à plenitude interna e externa da vida.

Tenha um filtro ao fazer análises sobre como se comportam as pessoas nesses locais e como você deseja se comportar. Lembre-se de que o ambiente influencia seu comportamento, mesmo que você não queira.

Uma das histórias que mais me marcaram e que mais representam a influência do ambiente na nossa formação como seres

> Lembre-se de que o ambiente influencia seu comportamento, mesmo que você não queira.

humanos é a história da ucraniana Oxana Malaya. Os pais de Oxana eram negligentes e alcoólatras. Quando ela tinha três anos, foi deixada para fora de casa e, sozinha, procurou abrigo com os cães; convivendo com eles por cinco anos, graças a isso sobreviveu.

Nesse ambiente se alimentava com restos de comida e começou a se comportar como os cães, a andar sobre quatro patas, a latir, uivar, rosnar. Quando foi resgatada, levaram-na a uma clínica, onde ela passou por cuidados médicos e tratamentos para auxiliá-la a recuperar as habilidades de convivência humana e os aprendizados de comunicação.

Após alguns anos, mesmo com todos os recursos terapêuticos, a menina não conseguiu resgatar todas as habilidades motoras e sociais; afinal, em grande parte do tempo da sua vida ela havia vivido em um ambiente completamente hostil, aprendendo com cães como se comportar.

Claro, essa é uma história bem extrema, mas, se você pesquisar por Oxana Malaya, vai entender como o ambiente influencia quem você se torna. É um exemplo simples para entender que, se você não escolher o ambiente certo para prosperar, talvez nunca consiga alcançar seus objetivos, pois o ambiente molda sua forma de pensar, de falar e, por consequência, de agir.

## Os 3 pilares da mente milionária

Reflita comigo: baseado nos seus objetivos de vida, os quais o fizeram comprar e ler este livro, quais são os ambientes em que você deve estar para acelerar seus resultados?

_____
_____
_____
_____
_____
_____
_____
_____
_____
_____
_____
_____
_____
_____
_____

*"Seu subconsciente forja quem você é."*

## 2. SEGUNDO PILAR: CONTEÚDOS QUE CONSUMIMOS

O segundo pilar da tríade de uma mente milionária são os conteúdos que consumimos. Quais são os conteúdos com que você alimenta seu cérebro?

Estamos na geração do hiperestímulo. Existem dezenas de canais de TV, de redes sociais, de dispositivos diferentes para consumirmos todo e qualquer tipo de conteúdo.

Existem centenas de milhares de pessoas com câmeras e microfones nas mãos, produzindo conteúdos inúteis e/ou infundados e os colocando à disposição de qualquer pessoa que deseja assistir a eles.

Existem dezenas de milhares de filmes, séries, músicas, novelas, livros, cursos, vídeos, programas etc. que estão sendo produzidos neste momento e estarão à disposição para você, em breve, por meio de alguns cliques. Então vem a pergunta: como você está filtrando o conteúdo que consome?

A maioria esmagadora é desatenta e nem percebe o que consome; apenas consome freneticamente o que um algoritmo de rede social recomenda, não se permitindo minutos de pausa, vivendo cansada. Acredita firmemente que não é produtiva e que em sua vida não há nada de interessante para compartilhar. Acaba comparando-se com pequenos trechos da vida de outras pessoas.

Assim, quase sem perceber, pensamentos, atitudes, comportamentos e opiniões vão sendo moldados constantemente.

*Agora, quero saber de você: está disposto a mudar e não ser uma "vítima" do sistema?*

Se sua resposta foi "sim", comece uma limpeza em suas redes sociais, examine cada pessoa e reflita por que você deve continuar seguindo esse perfil. A pergunta-base é simples: essa pessoa me aproxima ou me afasta do meu objetivo?

Quanto menos pessoas seguir, mais foco terá; busque selecionar bem, invista em cursos, mentorias, livros e palestras, esteja sempre próximo de *seu mentor*, confie na metodologia ensinada e a aplique.

Você pode transformar suas redes sociais em fontes de conteúdo produtivo. Basta selecionar bem de quais pessoas ou empresas quer receber conteúdo. Simples assim.

Não são as redes sociais que são as vilãs, não é a TV que é a vilã, mas é o que você se permite consumir que atrapalha ou acelera sua vida.

Em 2012, eu era militar da aeronáutica e estava revoltado com o sistema. Eu havia entrado pela "porta errada". Depois de alguns anos, entendi ou criei uma espécie de "teoria das portas". Não vou me aprofundar agora, mas, basicamente, se você deseja fazer parte de algo, precisa analisar cuidadosamente todas as portas

> Se sua resposta foi "sim", comece uma limpeza em suas redes sociais, examine cada pessoa e reflita por que você deve continuar seguindo esse perfil. A pergunta-base é simples: essa pessoa me aproxima ou me afasta do meu objetivo?

> Não são as redes sociais que são as vilãs, não é a TV que é a vilã, mas é o que você se permite consumir que atrapalha ou acelera sua vida.

de entrada para encontrar a melhor à sua disposição.

Na época que entrei na aeronáutica, entrei pela pior porta possível. Durante meu curso, eu era obrigado a prestar continência para os cães amarrados próximos aos portões da base, pois os instrutores nos diziam que eles eram "mais antigos" que nós na caserna; em contrapartida, via um oficial que muito me inspirava, o tenente Becker, poucos anos mais velho do que eu, na posição de comandante do nosso batalhão, e militares com quase trinta anos de força se dirigiam a ele em posição de sentido.

Com essa situação, já comecei a perceber que eu havia entrado pela porta errada; porém, houve um dia, alguns anos depois, em que tive certeza disso e de que dificilmente conseguiria crescer ali. Foi quando eu estava em outro esquadrão e o nosso comandante, capitão Felipe, veio apresentar o seu filho recém-nascido, e um militar mais antigo que eu me olhou e disse: "Olhe bem, Rockenbach. Daqui a alguns dias você estará prestando continência para ele". Ele terminou de dizer isso e riu em tom de brincadeira, mas eu me choquei, porque provavelmente aquilo era verdade. Eu me senti um completo incompetente. Como um bebê com dias de vida poderia ter chances de prosperar mais do que eu e me ultrapassar? Nesse momento tive certeza de que tinha entrado pela porta errada, que não estava aprendendo nada que me fizesse crescer e que aquele lugar não era para mim.

Foi então que um amigo veio com uma conversa estranha de que havia uma espécie de "seita" ali, à qual muitos militares estavam aderindo e ganhando dinheiro para convidar novas pessoas para participar dela. Esse meu amigo, o soldado Medeiros, meu colega de seção, queria me convencer a também participar, mas fugi dele durante semanas, até que um dia concordei.

Fui à tal reunião, cético, com medo de passar por uma lavagem cerebral. Era a apresentação de uma empresa de *marketing* multinível (MMN), chamada "Delta Red" ou "Dinastia", como nome fantasia (vai dizer que o nome não lembra um pouquinho uma seita?!). A atividade da Dinastia era seguros de vida, e nessa reunião vi um rapaz um pouco mais velho do que eu, em um nível já reconhecido na empresa, falando: "Eu não vendo seguros de vida, eu ajudo as pessoas a voltarem a sonhar". Aquilo bateu tão forte em mim que decidi começar a trabalhar com *marketing* multinível e descobri um dos melhores sistemas de treinamento de que já participei em toda a minha vida. Comecei a aprender sobre liderança, vendas, desenvolvimento pessoal, comunicação, tudo de que precisava para me desenvolver, e nove meses depois minha renda já era maior no MMN do que na aeronáutica. Assim, decidi largar a aeronáutica e seguir minha vida.

Nessa fase, eu passava muitas horas dentro do carro, dirigindo seis, sete, até oito horas por dia. Cruzava o Rio Grande do Sul inteiro trabalhando na construção e no treinamento da minha rede. Durante as longas horas na estrada, em vez de ouvir música em uma rádio, habituei-me a estudar o livro *Como fazer amigos e influenciar pessoas*, de Dale Carnegie. Entrava no carro e, antes mesmo de sair do estacionamento, apertava o *play* com o *audiobook* e iniciava minha viagem.

Já havia traçado o que desejava para minha vida e sabia que era preciso mudar o meu modo de pensar, pois naquela época já compreendia que não só o consciente influenciava na minha forma de agir e tomar decisões, mas também meu inconsciente. Era necessário fazer um trabalho nele para ter segurança nas tomadas de decisão, em direção ao meu real plano de vida.

Aquele áudio narrando o livro passou a fazer parte da minha filosofia de vida, e, quando eu ia a determinada palestra em que o livro era citado, sabia exatamente onde estava aquele ensinamento, como a lição estava escrita e o que ela queria dizer. Mais que isso: passei a aplicar o conhecimento daquele livro inconscientemente no meu dia a dia.

Renovado internamente, estava pronto para conhecer novos resultados, disposto a mudar minhas práticas de pensamento e ação. Para isso não havia nada melhor do que aperfeiçoar completamente os conteúdos a que eu assistia e que ouvia.

A partir daquele livro e de tantos outros, as reflexões fizeram com que, aos poucos, toda a minha maneira de viver fosse mudando continuamente, rumo à prosperidade: meu tempo começou a ser mais bem pensado, os conteúdos com que eu alimentava minha mente passaram a ser selecionados, e os resultados começaram a chegar.

> Pare e faça uma reflexão: quais são os conteúdos que você absorve e joga para dentro da sua mente? O que você acompanha no Instagram, Facebook, YouTube, TikTok e na TV? Quais revistas e livros lê? Quais pessoas escuta? Isso tudo com que você sobrecarrega seu cérebro está alinhado com uma preparação para alcançar os seus objetivos?
>
> _____
> _____
> _____
> _____
> _____
> _____
> _____
> _____
> _____

*"Nutrir a mente com sabedoria é plantar*
*a semente do próprio destino."*

## 3. TERCEIRO PILAR: PESSOAS COM QUEM CONVIVEMOS

A esse pilar na tríade que levará você a ter a mente dos vencedores você precisa dedicar especial atenção, pois ele pode ser a luz e a sombra da concretização do que deseja viver.

É aqui que a maioria das pessoas desiste, é quando os sonhos parecem não ser reais, e as metas parecem inalcançáveis.

Mas também é por meio das palavras, dos conselhos e das orientações de um bom mentor ou de alguém que acredita em você que seus resultados serão acelerados e sua mentalidade será moldada rumo aos seus objetivos.

E por que a mesma coisa pode levar aos dois extremos?

Porque a ambiência impacta profundamente. Seres humanos aprendem juntos e, por consequência, se tornam a média de quem está em seu entorno; tomam atitudes semelhantes, têm o mesmo comportamento, falam da mesma forma, e até suas roupas se assemelham.

### CASE 3 – A FORÇA DE UM BOM MENTOR
*Recém-formada em administração, Laura começou a trabalhar em uma startup de tecnologia, cheia de sonhos e ambições. No entanto, como muitos jovens profissionais, ela se sentia um pouco perdida sobre como direcionar sua carreira*

e alcançar seus objetivos. Foi nesse momento crucial que conheceu Ana, uma executiva experiente que se tornaria sua mentora.

Ana tinha uma carreira sólida e era respeitada por sua habilidade de liderar e inspirar equipes. Quando conheceu Laura, viu nela um potencial enorme e decidiu oferecer seu apoio e orientação. Ana começou a se encontrar regularmente com Laura, oferecendo conselhos práticos e estratégicos sobre como navegar no mundo corporativo.

Uma das primeiras lições que Ana ensinou a Laura foi a importância de estabelecer metas claras e mensuráveis. Juntas, elas definiram objetivos de curto e longo prazo, dividindo-os em etapas alcançáveis. Ana ajudou Laura a identificar as habilidades necessárias para atingir esses objetivos e a criar um plano de desenvolvimento pessoal.

Ana também ensinou a Laura a importância de networking e de construir relacionamentos profissionais sólidos. Laura, que inicialmente era tímida e reservada, começou a participar de eventos da indústria e a se conectar com outros profissionais. Com o tempo, ela desenvolveu uma rede valiosa de contatos que lhe abriu novas oportunidades e insights sobre o mercado.

Uma das mudanças mais significativas foi a transformação da mentalidade de Laura. Ana a incentivou a adotar uma

> mentalidade de crescimento, em que desafios são vistos como oportunidades de aprendizado em vez de obstáculos. Ela abraçou essa abordagem, enfrentando cada desafio com confiança renovada e aprendendo com seus erros, e mudou completamente o rumo de sua carreira.
>
> A orientação de Ana acelerou o crescimento de Laura e a preparou para lidar com complexidades que talvez não tivesse conseguido enfrentar sozinha.
>
> Hoje, com os conselhos e orientações de Ana, Laura não só alcançou seus objetivos, mas também moldou uma mentalidade vencedora que continua a guiá-la em sua jornada.

Gosto de enfatizar esse aspecto da tríade porque agimos instintivamente, pela sobrevivência, nos organizando em grupos. Desde as primitivas civilizações, os homens precisavam se sentir pertencentes para permanecer vivos. Então, lidar com a rejeição é um dos maiores medos que enfrentamos, consciente ou inconscientemente.

Constantemente me deparo com pessoas que ligam excessivamente para a opinião alheia, dizendo que têm medo de arriscar, e ficam profundamente angustiadas com a possibilidade de não se sentir aceitas ou de ouvir que seus sonhos não darão certo.

Não desconsidero as emoções nem as frustrações que outras pessoas causaram a você, mas é aqui que o jogo começa a acontecer de verdade. É a hora de consolidar suas transformações, experienciando novos efeitos, ou você continuará paralisado por emoções e pensamentos direcionados pelos "outros".

Você precisa ter coragem de olhar para as pessoas que estão ao seu redor e perceber como se comportam, como pensam e como agem; e responda a si mesmo com sinceridade: a forma como elas decidiram viver e os impactos e as consequências disso o aproximam da vida que deseja viver ou o afastam?

Sei que, na maioria das vezes, não é algo fácil de avaliar, muito menos alterar a ambiência, quando temos sentimentos pelas pessoas; porém, sejamos realistas: você não precisa pensar muito para ver grupos que não acrescentam nada de bom na sua vida, mas que, ao contrário, só trazem coisas prejudiciais à sua saúde física, emocional e até financeira.

Quem são as pessoas que fazem parte do seu círculo de amigos? Quem são aqueles que você permite opinar na sua vida? Os objetivos e valores deles estão alinhados com as metas que você tem?

Uma das histórias que mais me impactaram, no que se refere a sucesso pessoal, me foi contada em uma entrevista por um jovem empresário que conseguiu um faturamento de mais de

> Você precisa ter coragem de olhar para as pessoas que estão ao seu redor e perceber como se comportam, como pensam e como agem.

150 milhões de reais em sua empresa – uma conquista admirável no universo digital em relação a valores, mas, sem sombra de dúvida, uma das formas mais inspiradoras de pensar.

Ele contou que cresceu e se desenvolveu no universo digital ensinando como fazer dinheiro em uma área de risco ainda pouco explorada no Brasil. Entretanto, viveu um grande desafio: lidar com pessoas. Ele preparou um lançamento que demandou alto investimento tanto em dinheiro, com tráfego pago, como em experiência para o cliente, ao criar uma atmosfera envolvente ao público do evento, com música à entrada, palco especial de eventos e iluminação.

Estava dando tudo certo, e o número de participantes on-line na *live* subia: 20 mil, 40 mil, 80 mil Contudo, ainda nos bastidores ele começou a passar mal: empalideceu, sentia seu corpo febril e teve vômitos. Mesmo com essas dificuldades, porém, deu o seu melhor no lançamento, saindo dali direto para o hospital.

Até aqui essa história tem ares de resiliência e de não desistência de objetivo, porque, apesar do desafio, todos continuaram focados no que haviam se preparado para fazer. O carrinho de compras foi aberto, e as vendas prosseguiram, sendo realizadas por sua equipe; entretanto, um novo imprevisto surgiu logo nas horas seguintes.

Seu nome estava estampado em um jornal de grande circulação, e também em uma renomada revista, com uma frase de efeito na capa. Dentro, havia uma matéria difamatória com a foto dele e, por consequência, uma enxurrada absurda de mensagens, criticando e denegrindo sua imagem.

Nesse momento, ele decidiu usar tudo de negativo a seu favor. Mesmo sentindo as dores daquelas frases e as exposições negativas, continuou focado pensando em sua meta, que era bater o recorde em número de participantes ao vivo e em faturamento.

Ele explicou que costuma usar a energia (mesmo que negativa) para crescer ainda mais e destacou o aprendizado do processo de ser *antifrágil*: quando alguém o agride, você se fortalece.

Naquele momento, um raio cruzou minha mente: uma coisa é ser julgado por um círculo de amigos ou até por uma pessoa que o ama; outra coisa é sê-lo pelo país inteiro, inclusive por todo o seu círculo de convivência.

Fico imaginando se ele tivesse se importado com o que a mídia falava a seu respeito ou com as consequentes críticas que deve ter sofrido de todo tipo de pessoa. Será que teria alcançado um dos primeiros recordes nacionais ou até mundiais em faturamento no mercado de lançamentos de infoprodutos?

Assumindo o seu lugar com um posicionamento firme, ético e profissional, de quem sabia o que estava fazendo, não se abalou com o que estava acontecendo ao seu redor, não se escondeu nem ficou esperando a onda passar, mas saiu do hospital e dedicou-se ao que é importante: continuou trabalhando com seriedade em gravações, vendas e apresentações da sua esteira de produtos.

O que teria acontecido com esse lançamento se seu autor tivesse oscilado e agido impulsionado pelo medo? Como seria se as opiniões alheias o tivessem influenciado?

Não somos o que os outros pensam que somos, não somos o que eles gostariam que fôssemos; simplesmente somos o que somos e não podemos agir movidos por opiniões e julgamentos alheios.

E se isso acontecesse com você? Como você reagiria? A partir de onde começaria a se levantar?

Dentro das suas bases de apoio, as pessoas também são importantes, mas, diante de uma situação semelhante a essa, quantos amigos iriam lhe proporcionar um suporte efetivo para prosseguir com o planejado?

Caminhar nos degraus do sucesso é o sonho da maioria das pessoas, mas isso exige atenção aos detalhes. A busca por mentores que vivem ou já viveram o caminho que estamos idealizando é uma forma; trata-se de amigos que nos apoiam, nos incentivam em nossa autoconfiança e nos fortalecem para mantermos o foco.

A partir do momento em que você iniciar a atuação na área que escolheu, é importante ter sempre o compromisso de dar o seu melhor e de fazer o que precisa ser feito. Isso requer paciência e persistência e não se abalar

> Não somos o que os outros pensam que somos, não somos o que eles gostariam que fôssemos; simplesmente somos o que somos e não podemos agir movidos por opiniões e julgamentos alheios.

com eventuais imprevistos, sabendo que, para uma realização concreta, pode ser necessário um bom tempo.

Adote o conselho reverso:

A próxima vez que for julgado, se sentir ferido e receber um "conselho" que o machucar, adote a postura do conselho reverso, fazendo a seguinte pergunta a si mesmo: "Meu objetivo é o mesmo dessa pessoa?"

Após ter essa pergunta respondida, provavelmente você notará que essa pessoa não tem competência para opinar, por provavelmente ter o objetivo contrário ao que você trilha.

Então, siga o "conselho reverso", fazendo diferente do que ouviu, deixando com ela suas visões e opiniões.

> Escreva abaixo uma frase para lembrá-lo do que fazer toda vez que ouvir opiniões que diminuem sua visão.
>
> _____
> _____
> _____
> _____
> _____

*"Para o bem ou para o mal, serão as pessoas que o cercam que mais influenciarão no seu êxito."*

# APRENDENDO A CONHECER AS PESSOAS COM QUEM CONVIVEMOS

Diariamente nos deparamos com uma variedade incalculável de pessoas. Aquelas que nos puxam para baixo e aquelas que nos empurram para cima. As que são chamadas de brasas encobertas, que querem exatamente o contrário do que proclamam. As que são invejosas e fazem de tudo, dissimuladamente, para que não prosperemos. As sanguessugas, aquelas que pegam nossas ideias e trombeteiam como se fossem delas... Faltariam páginas para podermos dar a elas todos os nomes e os atributos.

Para melhor compreensão – e para detectar mais facilmente quais são as amizades que o levarão para cima e para o alto –, vamos trabalhar com três conceitos: amizades positivas, amizades neutras e amizades desnecessárias.

## AMIZADES POSITIVAS

As *amizades positivas* são aqueles que o inspiram e o encorajam a alcançar seus objetivos. Eles podem ser:

- *Mentores*: indivíduos que já trilharam o caminho que você está seguindo e podem conduzi-lo em sua jornada, oferecendo conselhos e orientações valiosas.
- *Amigos de jornada*: pessoas que estão trabalhando em direção a um objetivo semelhante ao seu e que compartilham a mesma dedicação e comprometimento. Elas entendem os desafios que você enfrenta e podem fornecer apoio emocional e prático.
- *Conselheiros*: profissionais especializados que podem ajudá-lo a lidar com questões emocionais ou mentais, facilitando o seu desenvolvimento pessoal e ajudando a melhorar a sua ambiência geral.

## AMIZADES NEUTRAS

As *amizades neutras* são pessoas com quem você interage regularmente, mas que não têm um impacto significativo em sua vida:

- *Colegas de faculdade*: pessoas com quem você partilhou experiências acadêmicas, mas que não estão necessariamente alinhadas com seus objetivos de vida.

- *Familiares e amigos da família:* pessoas do âmbito familiar ou que são muito próximas da sua família; por vezes, elas podem não compreender completamente seus objetivos ou ambições, mas geralmente não o prejudicam de maneira significativa.
- *Vizinhos:* vivem perto de você, mas a interação normalmente é limitada a conversas ocasionais ou pequenos auxílios.

## AMIZADES DESNECESSÁRIAS

As *amizades desnecessárias* são pessoas que têm impacto negativo em sua vida, que podem impedir, atrasar e até minar o seu crescimento pessoal, emocional e profissional:

- *Pessoas negativas:* sempre têm algo negativo a dizer ou estão constantemente reclamando. A negatividade delas pode afetar sua visão de mundo e sua energia.
- *Pessoas autocentradas:* sempre fazem tudo girar em torno delas, podendo exigir constantemente atenção e recursos e deixando pouco espaço para você se concentrar nos próprios objetivos.
- *Pessoas manipuladoras:* usam manipulação emocional para conseguir o que querem. Elas podem ser prejudiciais à sua saúde mental e emocional, além de criar um ambiente estressante.

- *Pessoas fofoqueiras:* falam mal de outros. Além da possibilidade de causar conflitos desnecessários, podem ocasionar um ambiente negativo, com grande probabilidade de, na sua ausência, fazerem o mesmo com você. Aprenda uma coisa: quando alguém falar mal de outra pessoa para você, saiba que esse alguém vai falar de você para outro; tenha um pé atrás com quem possui esse perfil e tome cuidado com o que lhe confia, pois, quando ele está falando de alguém para você, está dizendo muito mais sobre ele mesmo do que sobre as outras pessoas.
- *Pessoas excessivamente sensíveis:* magoam-se facilmente. Você tem de ter muito cuidado com o que diz ou faz. Assim, mesmo inconscientemente, precisará "pisar em ovos" e gastará mais tempo e energia para a manutenção de uma amizade com elas.

## Os 3 pilares da mente milionária

Escreva quem são as cinco pessoas com quem você mais conversa no seu dia a dia e qual impacto cada uma delas gera na sua vida:

1. _____
_____
_____
_____

2. _____
_____
_____
_____

3. _____
_____
_____
_____

4. _____
_____
_____
_____

5. _____
_____
_____
_____

Fique à vontade para anotar os *insights* que você terá agora. Reflita: como agem as pessoas que hoje já vivem a vida que você deseja viver?

_____
_____
_____
_____
_____
_____
_____
_____
_____
_____
_____
_____
_____
_____
_____
_____
_____
_____

*"Seja bem mais do que a média."*

# CAMINHANDO NA DIREÇÃO DA MENTE MILIONÁRIA

## 1. VOCÊ É A PESSOA MAIS IMPORTANTE!

Uma pergunta importante a se fazer é: o que você tem decidido para a sua vida? Tem levado uma vida automática ou cuidadosamente tem estudado seus resultados e planejado suas próximas ações?

Passo boa parte do meu dia em contato com empresários, pessoas extremamente focadas e dedicadas a fazer sua empresa crescer em números e resultados. Em contrapartida, não é difícil encontrar entre eles aqueles que, apesar dos bons resultados, se esquecem de desfrutar da jornada, de cuidar de si mesmos, de dedicar um tempo para construir sua rotina para além dos números.

Em minha experiência de vida, também passei por uma fase em que acabei me esquecendo de dedicar atenção a mim mesmo. Foi o meu início no mundo dos negócios digitais, quando eu estava completamente obcecado pelo resultado e não pensava em outra coisa. Em um *looping* infinito de consumo de conteúdo de aprendizado e horas a fio de trabalho, percebi-me completamente sobrecarregado.

Dormia pouco, não tinha horário para nada e, assim que meus olhos se abriam, abria também o computador, que muitas vezes já estava do meu lado na cama. Assim eu iniciava minha jornada de horas seguidas com o computador no colo, mergulhando em estudos e trabalho, chegando a um nível de exaustão em que eu não aguentava mais.

E de uma forma dolorida aprendi que esse tipo de esforço não se sustenta a médio ou longo prazo, porque, em razão da exaustão, a tão sonhada produtividade fica baixa e, por consequência, em vez de os resultados aumentarem, eles diminuem.

Com isso, passei a pensar em uma construção de rotina sustentável para meu corpo, minha mente e meu espírito; algo que não fosse somente para o momento presente, mas, sim, que garantisse uma continuidade de sucesso com saúde, de forma que eu pudesse aproveitar a colheita do bom trabalho que eu estava decidido a fazer.

Nossas ações de hoje impactam no amanhã. Como você deseja estar daqui a seis meses em relação aos seus cuidados emocionais, físicos e mentais?

Tenha bem claro que o sucesso em sua vida profissional não pede como condição o fracasso da sua saúde ou da sua vida pessoal. Ao contrário, quanto melhor você estiver consigo mesmo, maiores serão suas conquistas. Defina seus horários e seu momento de autocuidado.

> Como você deseja estar daqui a seis meses em relação aos seus cuidados emocionais, físicos e mentais?

Dedique um tempo para organizar sua rotina, ter bons hábitos, cuidar da saúde e do seu bem-estar. Você é o bem mais valioso da sua vida. Dê um passo por dia, todos os dias, rumo ao seu propósito mais elevado.

Fortaleça-se emocionalmente, desenvolvendo resiliência e estratégias de enfrentamento para lidar com estresse, adversidades e desafios.

Cuide da saúde do corpo, praticando atividades físicas, alimentando-se de maneira natural e saudável, tendo horas saudáveis de sono com um preparo para esse momento.

Cultive a saúde da mente, do corpo e do espírito. Diariamente tenha práticas de revisão de consciência. Não para se cobrar ou colocar um peso pelo resultado que ainda não foi atingido, mas, sim, para ter mais consciência do que está sentindo, encontrar o equilíbrio, tranquilizar-se na jornada e agir com mais firmeza nos próximos dias.

Sempre o autoconhecimento abrirá novas perspectivas. Ouça você mesmo, perceba do que está precisando.

A maioria das pessoas dedica a vida para ouvir os outros e se esquece de ouvir a si mesmas, então libere pelo menos cinco minutos de sua agenda para esta prática:

Antes de dormir ou quando sentir necessidade, respire e pergunte-se:

- Como está se sentindo hoje?
- Como pode se sentir mais leve?
- Onde colocar mais foco neste momento?

Escreva abaixo o que sentiu e tenha mais equilíbrio nos próximos dias:

_____
_____
_____
_____
_____
_____
_____
_____
_____
_____
_____
_____
_____
_____
_____
_____
_____

*"Cuide bem de si mesmo, pois é o melhor presente que você pode dar ao mundo."*

## 2. OS LADRÕES DE TEMPO

Já reparou como as pessoas passam horas pensando em coisas de que não precisam? Por exemplo, alguém faz algo de que você não gosta, e a lembrança disso surge e começa a atormentar os pensamentos, que, em vez disso, poderiam estar voltados para algo edificante.

É preciso atenção, porque existe a possibilidade de esse pensamento tornar-se intermitente e trazer uma sensação de desgosto diversas vezes no dia; por conseguinte, eventualmente reduzirá o seu aproveitamento, ainda que tarefas sejam feitas.

Uma solução possível é separar um intervalo (na minha prática, por volta de quarenta minutos) para examinar a situação e o perfil de quem está roubando seu tempo. Mas atenção: não aproveite momentos em que você esteja fazendo algo de modo automático, como, por exemplo, dirigindo.

Nesse período, procure compreender que nada pode ser feito com o que ocorreu, mas que você pode organizar melhor a sua postura futura, seja com pessoas que causam emoções semelhantes (inclusive com o responsável pelo incômodo), seja em situações similares, refletindo estrategicamente sobre a melhor maneira de se organizar internamente. Acredito que será suficiente para você seguir adiante e ficar alerta, não se permitindo pensar no que passou.

Outro ladrão de tempo que chega sorrateiramente, porque nos dá a falsa impressão de estarmos recarregando a bateria com diversão, são os entretenimentos com histórias de demasiado apelo emocional e/ou com um encadeamento de capítulos. Eles levam horas, dias e até meses de nossas vidas. Têm como objetivo nos deixar presos em assuntos que, na prática, são indiferentes ao nosso contexto. Assistir a uma série sem ter ideia de quando se concluirá o número de temporadas nos traz uma ansiedade pelo findar de uma situação fictícia, fazendo com que esperemos pelos próximos episódios. Trocamos momentos de real desfrute, como lazer com pessoas que amamos ou locais mais saudáveis, por aqueles paralisados em frente à TV.

Isso sem falar do *smartphone*, notoriamente considerado um dos maiores vilões no "roubo de tempo", mesmo sendo uma ferramenta necessária para trazer milhões em faturamento para sua conta. A sensatez no uso dele é uma grande aliada para suas metas.

Então analise: quantas horas por dia você passa ressentido por situações que envolveram outras pessoas? Quanto tempo no mês você desperdiça olhando para a tela do celular com assuntos inúteis? E, até hoje, quantos meses da sua vida foram perdidos em frente à televisão?

Se, após um breve exame das suas práticas, você descobriu o vilão dessa história e não está contente com o que ele roubou, a boa notícia é que, uma vez tendo consciência disso, tudo pode ser mudado, dependendo somente do seu empenho.

## RESPONDA AQUI

Quais são os seus ladrões de tempo?
_____
_____
_____
_____
_____

Quantas horas por dia você passa no celular? Dessas horas, quais são de tempo perdido?
_____
_____
_____
_____
_____

Planeje uma maneira de limitar o que tira sua atenção:
_____
_____
_____
_____
_____

Gabriel Rockenbach

O que você fará para lembrar que o celular é uma ferramenta de trabalho?

_"Não permita que o barulho externo
silencie sua voz interior."_

## 3. CUIDE DA AUTOESTIMA

Se você fosse um roteirista e criasse um filme da sua vida, podendo voltar todas as cenas das últimas 24 horas, como seria rever o que disse e sentiu sobre si mesmo nesse tempo?

Ao analisar o seu sentimento, você consegue perceber como está sua autoestima? Observando a si mesmo, pontos críticos podem sobressair em um autojulgamento ou, ainda, justificativas têm potencial de atrapalhar um autoexame para melhorar sua *performance*. O que você sente, pensa e fala sobre si mesmo tem relação direta com seu eu, calculada pelo nível de satisfação ou insatisfação nesse autojulgamento.

Sem autoestima, isso é desafiador e, ouso dizer, torna-se quase impossível mudar sua ambiência, pois você não se sente merecedor de entrar em novos locais nem capaz de atingir novos resultados e sustentar diálogos com pessoas que, em sua percepção, são maiores que você.

A autoestima é uma escada que o leva até onde estão seus sonhos e objetivos. Seja sincero consigo mesmo e não desanime se não tiver as melhores avaliações a respeito de si próprio. Somos seres capazes de mudar a realidade e também nossa forma de pensar. Devemos iniciar pela observação, e não pelo julgamento.

Uma pessoa com elevada autoestima tem visão positiva sobre si mesma e sobre o seu futuro e acredita em suas habilidades e em seu poder de escolha. Mesmo que surjam desafios, sente-se capaz de vencê-los, independentemente do tamanho ou do tempo que aparentemente isso demandará.

É um trabalho contínuo de avaliação das nossas qualidades e possibilidades positivas de mudança na nossa imagem e no nosso interior, dedicando-nos momentos de autoconhecimento para descobrirmos individualmente o que eleva nossa autoestima e, assim, nos sentirmos mais seguros e autoconfiantes.

Muitas pessoas vão à academia fazer exercícios para moldar seus corpos e aumentar a autoestima; outras, por sua vez, estudam com afinco, tornam-se excelentes em determinados assuntos e, com isso, sentem sua autoestima mais elevada, por ter conhecimento para agregar a si e aos demais.

Esteja atento e vigilante sobre os pensamentos negativos, autocríticos e sabotadores, afinal eles não ajudam na realização de metas e objetivos. Busque cultivar pensamentos positivos. *Sua opinião sobre si mesmo importa*, porque traz o senso de competência e adequação que move a tomada de decisões e faz você agir ou não agir.

> Uma pessoa com elevada autoestima tem visão positiva sobre si mesma e sobre o seu futuro, além de acreditar em suas habilidades e em seu poder de escolha.

Evite comparações com outras pessoas, pois, ao se comparar, dificilmente você ficará satisfeito. Outro engano é, por exemplo, idealizar uma perfeição para si que, em vez de fortalecer sua autoimagem, poderá trazer uma sequência de decepções paralisantes em relação a seu objetivo. Concentre-se em seu propósito e em seu crescimento pessoal, alegre-se com cada conquista adquirida, seja gentil, nobre consigo mesmo e trate-se como trataria um amigo querido.

> Faça uma lista de suas qualidades e características positivas. Valorize-as em vez de focar nas suas falhas.
>
> _____
> _____
> _____
> _____
>
> Pergunte a si mesmo: quais os novos hábitos que fazem sentido para eu incluir em meu dia a dia, a fim de aumentar minha autoestima?
>
> _____
> _____
> _____
> _____

*"A maior glória não está em nunca cair, mas, sim, em levantar-se após cada queda."*

## 4. TREINE A AUTOCONFIANÇA

A autoconfiança é a crença em si mesmo, a segurança de que, por meio das próprias habilidades, competências e capacidades, você colherá os melhores resultados. É uma confiança íntima em si, sentindo-se capaz de lidar com desafios, alcançar metas e superar obstáculos.

A autoconfiança é irmã da autoestima. Quanto maior for a autoestima, mais confiança se tem. Ela está relacionada à segurança emocional e ao conhecimento de si mesmo. Ao confiar em si, é mais fácil agir, tomar iniciativa, arriscar-se, enfrentar desafios e, mesmo assim, não desistir e continuar seguindo em frente, até vencer os obstáculos.

Ser autoconfiante não é se sentir superior ou maior que as outras pessoas, mas, sim, saber o próprio tamanho, dentro de uma visão realista na qual você se reconheça capaz e disposto a aprender continuamente.

Lembro-me de um professor que conheci. Ele me contou que veio de um lugar muito simples, com poucos recursos materiais, mas tinha um sonho: queria falar e compreender inglês fluentemente.

A língua o encantava a ponto de dedicar todos os seus esforços para aprendê-la. Foram anos em cursos que demoravam para ensinar o que era proposto, e isso o levou a criar uma metodologia de ensino e aprendizado rápidos.

Seus alunos levavam menos que a metade do tempo para aprender do que com os métodos tradicionais, o que fazia surgir nesse professor um brilho nos olhos, uma felicidade que o incentivava a ministrar diariamente suas aulas, a investir esforços em sua empresa e a criar estratégias para chegar ao maior número possível de pessoas.

Quanto mais o tempo passava e ele ouvia os depoimentos de seus alunos, mais sentia crescer sua autoestima e sua autoconfiança para continuar a decisão de levar a língua inglesa para o maior número possível de pessoas.

Essa história não é difícil de encontrar quando analisamos histórias de empresários e empreendedores no Brasil. Mas o que me chama a atenção é como esse homem foi capaz de acreditar tanto em si mesmo e em sua metodologia nunca antes testada? Como ele foi capaz de driblar riscos financeiros sem nem mesmo ter dinheiro para investir em seus negócios? Como esse homem teve autoestima para confiar em seu talento?

A resposta é simples: ele era seu maior case, conhecia o caminho mais longo e entendia que poderia ser mais rápido; fizera imersões e se disposto a dar o seu melhor no processo de aprendizado; estava inteiro no que estava fazendo, pronto para encarar os desafios, para vencer os treinos do amadorismo, para aprender no campo de batalhas do profissionalismo, para, então, aumentar sua autoestima e autoconfiança todos os dias, ao ler mensagens e elogios de seus alunos.

Na história dos vencedores, existe o tempo. Esteja disposto a enfrentar seus desafios como adulto para chegar aos lugares que você deseja alcançar.

Faça uma lista das suas conquistas, habilidades e qualidades positivas.

_____
_____
_____
_____
_____

Lembre-se de situações em que venceu e de como se sentiu nesse dia.

_____
_____
_____
_____
_____

*"A confiança em si mesmo é o primeiro segredo do sucesso."*

## 5. CUIDE DE VOCÊ E DA SUA SAÚDE EM PRIMEIRO LUGAR

Sou casado com uma médica e, naturalmente, cuidados com nossa saúde física é um dos assuntos abordados em nossas conversas. Manter o corpo funcionando bem é fundamental para atingirmos os resultados que sonhamos. Nenhuma meta, empresa ou desejo de fazer fortuna vale o fracasso com a própria saúde.

Aqui em casa adotamos como estilo de vida o jejum e a autofagia. Esta é um mecanismo natural, inato do corpo humano, um poder, uma inteligência natural que consegue escanear todas as estruturas que não estão funcionando adequadamente.

É literalmente um *detox*, uma limpeza, uma renovação, um mecanismo em que o próprio corpo trabalha a nosso favor, vendo o que está funcionando bem e o que não está. Ele por si só dá a possibilidade de virar substrato para construir novas estruturas, que vão funcionar adequadamente.

Essa técnica, chamada de "autofagia", é um mecanismo natural de antienvelhecimento, e você pode conhecê-lo melhor no livro *O poder da autofagia: emagreça comendo carne, queijo e manteiga*, da Dra. Luana Rizzo. Muitos ganhos de uma vida saudável e equilibrada vieram por meio desse conhecimento; então, sugiro que você o pratique, alinhado aos ajustes da ambiência, para poder viver a vida em plenitude.

Lembre-se de cuidar de si mesmo, do seu corpo, da sua mente. Pratique exercícios físicos, alimente-se de forma saudável, durma o suficiente e encontre atividades que lhe proporcionem alegrias, fora do trabalho e dos estudos.

Dê atenção à sua saúde, à sua alimentação e ao seu equilíbrio mental!

> Quais hábitos e práticas você irá incluir em sua vida, pensando em sua saúde?
>
> _____
> _____
> _____
> _____
> _____
> _____
> _____
> _____
> _____

*"O corpo é o templo da mente; cultive ambos com sabedoria e respeito."*

## 6. MANTENHA SUA MISSÃO ALINHADA AO SEU PROPÓSITO DE VIDA

Encontrar o seu propósito de vida e alinhá-lo com seus objetivos e expectativas não é uma tarefa fácil, mas é possível. Há um ditado que ilustra bem essa jornada: "O caminho para o sucesso está sempre em construção".

Nesse percurso, a paciência é uma amiga fiel, que o vai acompanhando na jornada lado a lado com o foco e com a persistência, para você não desistir e muito menos se deixar abater pelas frustrações de tropeçar nas pedras do caminho.

A jornada é longa. Nela, as pessoas podem julgá-lo; você pode sentir vergonha e até achar que tudo que está fazendo é irrelevante ou fadado ao fracasso. Mas imagine-se no futuro: se não desistir, quais serão as surpresas que o destino lhe reservará?

Um dia, assistindo a um vídeo sobre empreendedorismo, ouvi uma citação de Steve Jobs que me impactou. Ele dizia que tanto ele quanto Bill Gates se consideravam extremamente sortudos por terem descoberto muito cedo o que gostavam de fazer.

Esse foi o combustível necessário para alinhar o propósito e os objetivos, a paixão, o amor, o brilho nos olhos, que os faziam acordar mais cedo e, se necessário, dormir mais tarde; essa mesma chama lhes permitia ver os desafios como pequenos, pois eles estavam dispostos a superar o que fosse para ver seus sonhos se realizar.

Essa é a beleza de amar o que se faz: dedicar-se a visualizar com clareza sua missão e seu propósito na vida, para tornar mais suportável as dificuldades e os desafios que surgirão ao longo do caminho.

O que o motiva? O que o deixa em êxtase? *Você é um ser tão único e inspirador que vai precisar alinhar o que lhe é importante*, afinal, para cada pessoa existem objetivos diferentemente alinhados, que podem ir da construção de uma empresa, de uma fortuna, até a experiência de uma vida mais simples no campo. Aqui a pessoa mais importante é você. Então se pergunte: o que é importante para você?

Lembre-se dos exercícios deste livro, pois não estão aqui por acaso. Sua missão e propósito precisam ser lembrados constantemente, e fazer os exercícios os tornará mais concretos e reais, por ser uma ótima maneira de lembrar a si mesmo como está trabalhando para alcançar seus objetivos.

## DESCREVA A SUA MISSÃO E O SEU PROPÓSITO DE VIDA

Identifique seus objetivos. Pense sobre o que você realmente deseja alcançar. Seus objetivos podem variar desde objetivos pessoais, como criar uma família feliz, até objetivos mais amplos, como contribuir para a mudança social. Escreva o que deseja viver:

_____
_____
_____
_____
_____

Qual sua visão de longo prazo? Onde você se vê em cinco, dez, vinte anos? O que quer ter alcançado até lá?

_____
_____
_____
_____
_____

Construa seu painel de visualizações. Reserve um tempo para refletir sobre seus sonhos e aspirações. Após isso, procure imagens que lhe representem esses desejos. Cole-as aqui e, com frequência, olhe-as para inspirar-se, motivar-se e, principalmente, acreditar na direção em que está indo.

*"O propósito é o farol que guia a jornada da vida."*

## 7. O CAMINHO DO PROPÓSITO

Quando decidi mergulhar no meu propósito, achei que alcançaria meus objetivos rápida e instantaneamente, afinal havia começado muito jovem. Mas, conforme os desafios surgiam, fui percebendo que algumas coisas são alcançadas em um curto, outras em um médio e outras, ainda, em um longo prazo.

No caminho fui refletindo que tudo tem um tempo certo para acontecer. Coisas que não saíram como planejei me amadureceram e me deram conteúdo, experiência e maturidade para acessar os planos maiores. Tudo teve um propósito, principalmente para a formação da minha identidade, e a clareza dos passos foi chegando conforme fui caminhando.

Definir missão e propósito é muito pessoal e leva tempo. Não há como se comparar com ninguém, e é preciso confiar no processo, em si mesmo e no fato de que tudo que acontece favorece seu propósito.

E se tudo pudesse ser mais divertido? Ou, se os resultados fossem acontecendo passo a passo, você ficaria mais feliz, não acha?! A autodescoberta pode ser divertida, apesar de longa a estrada. Momentos de alinhamentos, balanceamentos e reflexões lhe darão a força e a resiliência necessárias para enfrentar os desafios, superar as adversidades e atingir seus objetivos.

Nada acontece ao acaso. Faça revisões, busque orientação e reajustes no plano. Se for preciso, pare tudo e refaça a rota.

Conforme você evolui e cresce como pessoa, muitas coisas poderão mudar.

O caminho é tão importante quanto a linha de chegada. Cada pequeno passo, cada conquista, independentemente do tamanho, deixa você mais perto de cumprir sua missão e de viver de acordo com seu propósito.

Foque sempre na ação que planejou, porque é esta a ponte entre o planejamento e a materialização do seu sonho. Sem ela, a mais bela das missões e o mais nobre dos propósitos são apenas palavras. Portanto, comprometa-se a agir e a fazer o que for necessário para transformar seu propósito e sua missão em realidade.

Finalmente, lembre-se das palavras de Steve Jobs no famoso discurso na cerimônia de formatura da Universidade de Stanford em 2005: "Seu trabalho vai preencher uma grande parte da sua vida, e a única maneira de estar verdadeiramente satisfeito é fazer o que você acredita ser um ótimo trabalho. E a única maneira de fazer um ótimo trabalho é amar o que você faz". Portanto, busque clareza de seu propósito, alinhe suas metas com esse propósito e siga adiante com coragem e determinação.

## Os 3 pilares da mente milionária

Identifique seus interesses, habilidades, paixões. O que o inspira? O que o motiva a agir?

_____
_____
_____
_____

Quais são seus cinco principais valores?

1. _____
2. _____
3. _____
4. _____
5. _____

Qual sua missão? Quanto mais específico for seu propósito e sua missão, mais fácil será para você medir seu progresso e manter-se motivado.

_____
_____
_____
_____

*"O propósito de vida é a bússola que orienta mesmo nas rotas mais longas e incertas."*

## 8. ENVOLVENDO SUA FAMÍLIA NO SEU PROPÓSITO

Nem sempre vamos ter o apoio de todos que amamos nos planos que decidimos seguir, e, com toda certeza, não levar isso para o lado pessoal nem querer forçá-los a compreender é a maneira mais saudável para a boa convivência.

As pessoas que amamos, principalmente os nossos pais e familiares mais próximos, querem nos ver felizes, mas, quando começamos a nos diferenciar delas e do universo que conhecem, as coisas podem começar a se complicar.

Os caminhos profissionais tradicionais são os que normalmente desejam para nós, pois são os que elas vivem ou conhecem por meio de pessoas próximas. O que se diferencia disso pode gerar ansiedade, por não conseguirem visualizar o caminho.

Mas o que fazer quando algo foge do que elas conhecem? Como mostrar nossas ideias? Como fazer com que acreditem em nossos sonhos e ideias?

Tenho certeza de que a única maneira de fazer isso é você acreditar no que deseja, envolvendo-se, dedicando-se, levantando mais cedo, fazendo novos contatos, estudando, trabalhando, dando o seu melhor e colhendo os resultados. Nada é mais forte do que alguém que acredita no que faz, do que o brilho nos olhos pelo amor e pela dedicação naquilo que está sendo criado.

Quais são seus sonhos verdadeiros? O que sua alma o convida a fazer? O que brilha no seu olhar? Lembre-se disto: você será o único que passará o dia imerso no que decidiu fazer; então, ouse seguir sua voz interior e dedique-se, dê o seu melhor, pois, com o tempo, as coisas se ajeitam e sua família passará a compreender tudo.

Muitas pessoas querem convencer o outro sem antes convencer-se da própria decisão. Brigam com aqueles que amam na expectativa de que acreditem em seus sonhos. Mas será que elas mesmas estão acreditando? Será que comprariam os próprios sonhos, desejos e produtos?

A melhor pessoa a convencer é a você mesmo; a melhor pessoa para buscar a excelência, com paciência e humildade, e apresentar com amor o que faz, sonha e deseja viver é você mesmo.

Se sua família não o está compreendendo neste momento, busque sabedoria dentro de si, com alguns momentos de silêncio, para entender o que cada um sente. Faça o seu melhor para desfrutar daquilo que tanto sonha, e, com o tempo, naturalmente todos também se unirão a você.

Não discutir nem passar horas dedicando-se a mostrar que está certo é uma virtude, pois isso gasta energia, drena potência, e definitivamente não é à força que mostramos estar certos. Mostramos que nossa decisão é a melhor dando frutos, apresentando resultados e sendo felizes.

Sempre levo em consideração que aquele que briga para mostrar que está certo, no fundo, está inseguro da própria decisão e precisa convencer o outro. Confie em você, confie na sua jornada e aplique os conceitos do poder da ambiência.

Com a briga e a força, o que pode ocorrer é você, sentindo-se inseguro, com a autoestima baixa, prejudicar seus planos, e facilmente sua mente enganosa poderá lhe dizer: "Se nem os seus acreditam em você, quem irá acreditar?".

Posso falar disso com o maior conhecimento de causa, pois tive de encarar minha família e meus amigos para mostrar que minhas ideias eram valiosas.

Eu estava crescendo dentro da carreira militar quando me apaixonei pelo empreendedorismo. A carreira na aeronáutica representava uma segurança tremenda na época, e com certeza até nos dias de hoje.

Era um bom emprego, um bom trabalho, com segurança, estabilidade, um futuro aparentemente garantido, boa possibilidade de crescimento, sem falar do *status*, do *glamour* e da falsa ideia de que aquela era a melhor carreira do mundo.

Para toda a minha família e para a região onde nasci e me criei, aquele era o trabalho dos sonhos, afinal: o que um jovem poderia querer mais do que uma carreira militar?

Não era algo fácil entrar na carreira, tampouco deixá-la. As vozes das pessoas que eu amava viviam cruzando meu pensamento, pois, para elas, era absurdo eu trocar a estabilidade e a segurança pela liberdade e, aparentemente, pela instabilidade do empreendedorismo. Mas fiz um esforço real de trabalhar minha mente para viver uma vida de sucesso, não só profissional, mas também emocional, conjugal e financeira.

Passei horas, dias e até noites refletindo se aquela decisão de largar tudo que eu havia conquistado até ali era correta. Minha família formou uma grande barreira de resistência. Era um passo completamente avesso a tudo que ela conhecia, o contrário de tudo que imaginava para mim.

O que estaria acontecendo comigo, por deixar o prestígio e o *glamour* que a aeronáutica trazia, sem falar na estabilidade trabalhista, além de uma aposentadoria segura, para enfrentar os altos e baixos de uma carreira de empreendedor de primeira viagem?

Realmente, poderia ser a maior loucura da minha vida, mas eu estava prestes a dar o maior salto de fé rumo aos meus objetivos, confiando que aquela era a melhor decisão.

Eu não estava de brincadeira, mas, sim, plenamente envolvido pelo universo das vendas, pelo empreendedorismo, pela possibilidade de ganhos, de faturamento, e pelas pessoas que fui conhecendo no caminho, suas histórias de superação e resultados.

E fiz do *marketing* multinível minha primeira ponte para meus sonhos. Cruzava o Rio Grande do Sul trabalhando como vendedor. Larguei a estabilidade e comecei pelo que me encantou na época, e foi sem sombra de dúvida um mergulho para conhecer como eu lidava com os desafios, como era o processo de vendas e como eu poderia chegar ao topo da realização dos meus sonhos.

Mesmo com a resistência da minha família, eu buscava incluí-los de todas as formas, não necessariamente para que enxergassem tudo que eu estava enxergando, mas para que compreendessem por que estava pensando e agindo daquela forma.

Meus pais e algumas pessoas da minha família são muito importantes para mim. Então decidi incluí-los no meu sonho e escolhi somente aqueles que faziam sentido de verdade, o que também poupou energia de querer mostrar para todo mundo o quanto minhas ideias poderiam ser geniais. Não quis que a resistência acabasse, mas busquei ter maturidade para que diminuísse a ponto de, mesmo sem concordar, me apoiarem.

O *tempo* foi meu grande aliado; com ele trabalhei para incluir minha família e também para aprender a compreendê-la, sem querer que ela fosse diferente. Desejo o mesmo a você: aceitar as coisas como são nos faz chegar mais rápido aos resultados que sonhamos, pois só conseguimos transformar o que aceitamos.

Navegar nas águas turbulentas da mudança é uma tarefa desafiadora, ainda mais quando envolve nossas conexões mais profundas, como a família. À medida que começamos a mudar hábitos, crenças e perspectivas, é natural que os que nos cercam sintam-se um tanto desconfortáveis e até mesmo ofendidos. No entanto, com comunicação eficaz e empatia, podemos tornar essa transição mais suave.

O momento é novo. Confie e apresente sua ideia com confiança. Encontre formas pelas quais possam compreender o que você faz, sendo simples em sua comunicação. Trabalhe sempre a autoestima e a autoconfiança nas suas escolhas.

Todos enfrentam desafios na forma de apresentar o que querem ou de equilibrar projetos, sonhos, carreira e família. A ex-primeira-dama dos Estados Unidos Michelle Obama conta em sua autobiografia, *Minha história*, os conflitos pessoais de equilibrar projetos profissionais, responsabilidades familiares e compromissos públicos. Ela fala de como precisou reestruturar sua vida, adotando uma nova rotina e consumindo conteúdos diferentes, e cercar-se de pessoas que apoiavam seu crescimento e desejos. Entretanto, fez questão de manter a família no centro de tudo, transmitindo continuamente a importância dessas mudanças para o bem-estar de todos.

Então seja empático, compreenda que a mudança leva tempo para se organizar e, se você sentir necessidade, procure acompanhamento profissional, um psicólogo ou um terapeuta, que possa lhe direcionar sobre como, de maneira mais efetiva, agir em cada situação. O processo de mudança é contínuo, e cada família é única.

Quais alegrias você pode compartilhar com sua família em relação ao seu propósito?

_____
_____
_____
_____
_____
_____

Se surgir um desejo de reclamar sobre os desafios da jornada, em vez de desabafar com a família, escreva-os nas próximas linhas, contando também como se sente em relação a eles e como irá solucioná-los.

_____
_____
_____
_____
_____
_____
_____
_____

*"Construa pontes, não muros, em sua jornada rumo a um propósito."*

## 9. O SEGREDO DAS REALIZAÇÕES

Se passarmos uma hora dedicados a analisar as métricas da maioria das pessoas, observaremos que uma minoria está disposta a pagar o preço da concretização dos seus objetivos. Nesse processo, aparecem diversas desculpas dadas para a incapacidade de realizar algo.

Assumir o próprio sucesso é fácil, mas quem está disposto a admitir um erro? Quem tem coragem de dizer que falhou, que se equivocou, que levou mais tempo do que deveria para chegar a um objetivo? Ou assumir que tem medo de tentar?

E aqui começamos a separar os que chegam ao topo da montanha das realizações, os que desistem no meio do caminho e aqueles que nem começam a trilhá-lo, afinal daria trabalho tropeçar nas pedras do caminho.

Com medo de errar, muitos nem começam nada. Por temer a rejeição, nem abrem a boca. Por receio de não vender, não divulgam os seus produtos. Por acreditar que não atingirão resultados expressivos, nem começam a treinar. Por temer se aproximar de pessoas que julgam superiores.

E quem é você? Aquele que nem começa? Aquele que se anima e desiste no meio do caminho? Ou aquele que, mesmo após colocar curativos no joelho, após os tombos da jornada, vai até o topo?

Nesse caminho não existem somente vitórias – isso é uma mentira! –, mas há uma grandeza e um valor inestimável no erro e na não desistência. Quem não desiste e aprende com seus erros conhece as faces do ensino e pode ensinar com mais facilidade.

Perceba uma criança aprendendo: ela tem condições de aprender um cálculo matemático sem usar a borracha no papel? Ela aprende somente observando ou precisa se dedicar a pensar como se estruturam suas contas de multiplicação e divisão?

Quem quer somente acertar finge ser Deus, conhece a ilusão que é o perfeccionismo e facilmente passa mais tempo sem fazer nada ou criticando e julgando quem está fazendo. Quem está fazendo não tem tempo para isso.

Claro que você pode minimizar os erros, escolher aprender com os erros dos outros, decidir ter um mentor para encurtar a distância e o tempo, mas haverá tropeços, e eles serão extremamente importantes para o seu aprendizado.

Não permaneça muito tempo no erro e na culpa, caso tenha errado. Levante a cabeça, aprenda rapidamente e fique somente com os aprendizados. Quem tem consciência da responsabilidade está um passo à frente, pois, se você é o único responsável pela vida que está levando, também é o único que tem condição de transformá-la.

Todos querem resultados, mas quantos pagam o preço da construção do caminho para a chegada dos resultados?

Para chegar com consistência ao alvo, é necessário estabelecer marcos e celebrar pequenas vitórias no caminho. Lembre-se das suas metas ousadas e deixe-as sempre visíveis, mas fracione pequenas paradas de comemoração na escalada do sucesso.

Cada vez que alcançar um marco, comemore. Isso não apenas ajuda a manter sua motivação alta como também permite que você reconheça o progresso que está fazendo. Mantenha o foco no objetivo final. Assim como quem escala uma montanha, se você ficar olhando para baixo, poderá cair, ficar tonto ou achar que está exausto, incapaz de continuar. Lembre-se de que às vezes não é de desistir que precisamos, e sim de repousar a mente e o corpo.

Apegue-se ao princípio da *tríade do sucesso: ambiente, pessoas e conteúdo*. Em um ambiente que lhe traga conforto, suporte e encorajamento, esteja com pessoas que o levem para a frente, compartilhe suas vitórias, produza conteúdo.

Houve um momento em que precisei conhecer na prática o que é ser uma pessoa resiliente. É aquela velha frase: "Existem coisas difíceis de passar e boas de contar, e existem coisas boas de passar que são difíceis de contar".

No caso, minhas histórias da época foram extremamente difíceis de passar; havia momentos em que eu precisava respirar e com coragem compreender que, por mais que meus problemas parecessem desafiadores, eles jamais seriam maiores que eu.

E aqui há um segredo na resolução de um problema: você se sentir capaz de resolvê-lo, capaz de vencer qualquer obstáculo, compreendendo que o problema não é quem você é, mas somente algo que você precisa solucionar.

E falo isso com a tranquilidade da experiência. Isso não significa que tudo isso não me gerou dores, medos e angústias, mas eu tinha uma certeza: aquele momento que estava vivendo era somente uma ponte para me levar até onde eu desejava chegar.

*"Os obstáculos são degraus para o topo do sucesso."*

## 10. AONDE VOCÊ DESEJA CHEGAR?

Amo essa ideia sobre aonde você deseja chegar, pois é um combustível para momentos mais desafiadores, para dias sombrios, mas com a certeza de que dias melhores virão. Constantemente pergunto para os iniciantes na nossa plataforma sobre seus maiores sonhos, sobre suas decisões, e me importo em conhecer o quanto estão dispostos e envolvidos nos projetos.

Faço isso para incentivá-los e fazê-los pensar de um lugar fora da visão que normalmente têm. Minha vida deu muitas voltas, tive momentos de fracasso que me geraram ansiedade, e em outros me questionava sobre se realmente tudo que desejava iria acontecer.

Mas uma coisa eu tinha a meu favor: não acreditava que obstáculos iriam me impedir, não tive medo de mudar de rota, de aceitar a derrota, de fechar empresas, de iniciar outras, de investir o que tinha e até o que não tinha em cursos, mentorias e de passar horas a fio estudando e outras aplicando as teorias.

O sonho de escalar o meu negócio pelo meio digital foi o que também me motivou a conseguir dinheiro emprestado, sair do Rio Grande do Sul e ir a São Paulo para fazer um curso bem conhecido sobre o universo de lançamentos.

Fui de ônibus, com dinheiro contado para me manter somente duas noites em um hotel bem longe do evento, que duraria quatro noites. Estava até disposto a passar uma noite na rodoviária, mas não iria deixar de me fazer presente no que eu verdadeiramente acreditava ser um mercado promissor no Brasil.

Estava preparado, já seguia os princípios que ensino aqui, minha comunicação visual estava alinhada, a comunicação verbal também, e estava disposto a fazer acontecer. No evento fiz amigos, consegui um local para repousar nas outras noites que estava na cidade e vi nascer um novo horizonte diante de meus olhos.

Voltei para meu estado disposto a dar o meu melhor, então me dediquei e fiz acontecer; afinal, não existia um plano B: eu tinha abandonado a carreira militar, visto a empresa de *marketing* multinível, em que havia investido tempo e dinheiro, ir por água abaixo, e também não queria mais levar choques sendo eletricista.

E naturalmente essa foi a fase da minha vida em que tive de ser forte, tomar decisões e determinar aonde iria chegar. Se eu sabia exatamente o que ia acontecer, não tenho certeza, mas posso afirmar que a maioria das coisas que hoje vivo foi sonhada lá atrás e muitas outras coisas mais espetaculares aconteceram; porém, antes disso, muita água passou embaixo da ponte.

Quero contar essa história destacando as mudanças que tive de fazer até chegar ao que eu desejava que acontecesse.

Estava morando no Rio Grande do Sul. Era dono de uma agência de lançamento de infoprodutos, tinha vários produtos rodando e uma equipe de nove pessoas contando comigo. Um dia, ouvi assim: "Seu negócio dá dinheiro, mas não vale nada".

Demorei um pouquinho para entender e até fiquei chateado, porque até então meu foco fora criar produtos, colocar para vendê-los e gerar ROI (Retorno sobre o Investimento), além de, naturalmente, pagar as pessoas que estavam trabalhando comigo e me pagar.

Em minha equipe de oito pessoas, tínhamos um bom lucro. Para mim, estava ótimo, porém, quando ouvi essa frase, em 2015, ela me gerou um desconforto no primeiro momento, mas logo na sequência uma chama se acendeu em mim. Levei ainda alguns anos para conseguir materializar tal mudança na prática; contudo, foi aí que começou a minha nova saga: construir um negócio para fazer dinheiro e, ao mesmo tempo, ser vendido por um preço bem maior do que quando iniciado. E cada dia mais o mundo dos negócios me fascinava, cada vez mais eu estava disposto a vivê-lo e a fazer as mudanças necessárias.

Disso tudo aprendi algo importante: para viver algo novo, algumas coisas precisam ser mudadas. Então, antes de eu continuar contando minha história e você ver quantas mudanças fiz para construir uma empresa com esse perfil, eu lhe farei algumas perguntas:

O que hoje você precisa mudar urgentemente para desfrutar dos seus objetivos amanhã?

_____

_____

_____

_____

Qual é a nova postura que você vai assumir quando as coisas aparentemente não estiverem saindo como o planejado?

_____

_____

_____

_____

Qual atitude tomar quando uma voz dentro da sua cabeça começar a falar que seus planos não darão certo?

_____

_____

_____

_____

*"Transformar sonhos em realidade exige
a audácia de desafiar o impossível."*

## 11. RESILIÊNCIA: A PROVA PARA VER SE VOCÊ REALMENTE QUER O QUE DIZ QUERER

Não vou mentir para você nem o enganar: haverá momentos em que a vida irá bater forte, para ver se você realmente quer o que diz querer. Nessas horas, separam-se os adultos das crianças, e é o instante de fazer o que precisa ser feito: estudar como deve ser feito.

Em objetivos profissionais, normalmente existe uma margem de imprecisões que pode ser superada, sem se desviar da rota inicialmente traçada. Essas serão usadas para uma base mais fortalecida no resultado almejado, como nos esportes, em que as derrotas são parte integrante da formação dos esportistas que marcam seu nome na história.

Nem sempre os problemas que surgirão serão fáceis, e, diante deles, pode acontecer de você pensar em desistir. Lembrar-se com constância do planejamento inicial e buscar um fortalecimento interno para chegar a soluções reais, sem sair da rota, é a única forma de ser vencedor em seus propósitos.

Um exemplo emblemático de resiliência é a trajetória de Soichiro Honda, fundador da Honda Motor Company. Sua história é uma lição de determinação e superação. Honda iniciou sua carreira em uma oficina, onde aprendeu sobre motores e mecânica. Seu primeiro grande desafio veio durante a Segunda

Guerra Mundial, quando sua oficina foi bombardeada – duas vezes. Apesar desses reveses devastadores, ele não desistiu. Em vez disso, usou os destroços do bombardeio para criar um novo começo, reciclando os materiais para produzir motores de motocicleta.

A jornada de Honda rumo ao sucesso não foi linear. Ele enfrentou inúmeras rejeições e fracassos. Um momento crítico em sua carreira ocorreu quando ele apresentou um *design* de anel de pistão para a Toyota, para ser logo rejeitado devido à baixa qualidade. Em vez de desistir, ele se matriculou em uma escola técnica para melhorar seu *design*. Sua persistência compensou, e mais tarde a Toyota aceitou seus anéis de pistão.

A fundação da Honda Motor Company foi um marco, mas não o fim de seus desafios. Honda continuou enfrentando obstáculos, mas sua resiliência e crença nas próprias capacidades o levaram a superá-los um após o outro. Ele revolucionou a indústria automobilística e de motocicletas, introduzindo inovações e conquistando mercados globais. A determinação de Honda em superar desafios e sua capacidade de se adaptar a circunstâncias adversas são exemplos claros de resiliência em ação.

Quando você encontrar algum desafio na jornada, esteja disposto a evitar reclamações, pois reclamar é clamar novamente. Seu foco deve estar em materializar sua visão de longo prazo.

Responda hoje à tríade abaixo e determine na sua mente como você estará daqui a cinco anos, com seus objetivos plenamente realizados:

- Quais ambientes frequento hoje:
___
___
___

- Qual conteúdo consumo e estudo:
___
___
___

- Quem são as pessoas que eu tenho no meu círculo de amizades:
___
___
___

*"Na forja da adversidade, moldam-se os verdadeiros vencedores."*

## 12. SEJA GRATO

Se você parar para analisar, a ambiência transita em todas as áreas da vida, afinal não são só resultados externos que nos interessam, mas também resultados internos, que nos levam à felicidade, à constância e ao foco.

E, no processo de construção do sucesso, percebi que nada vale a pena se não for feito com gratidão, pois, do contrário, o peso fica maior, leva-se mais tempo, e, principalmente, a reclamação não traz nenhum benefício. Como tanto a gratidão quanto a reclamação são contagiantes, pense bem do que você deseja cercar-se.

Acredito que a gratidão seja algo semelhante a viver conjugando verbos no futuro do presente, ou seja, vivenciar no presente, com gratidão, todas as coisas que quero para meu futuro, sentindo-as como uma realidade no agora, antes mesmo de acontecerem, e, por isso, as agradecendo.

A gratidão está ligada às emoções positivas, como felicidade, contentamento e satisfação. Praticá-la regularmente ajuda a reduzir o estresse, a ansiedade e a depressão, além de abrir portas para que os seus sonhos se tornem realidade.

Muitas coisas que acontecem não estão no controle das pessoas, mas tenha em mente que tudo que acontece lhe favorece. Isso o fará olhar diferente para as situações e trará bons frutos de aprendizado.

A energia positiva, a gratidão e a felicidade são diferenciais em um mundo competitivo, onde o tempo todo estamos recebendo estímulos para agir diferente disso. Essas são as sementes da riqueza e devem ser plantadas diariamente, sem pressa.

E lembre-se: para germinar, os frutos precisam de tempo. Então não invente ficar abrindo a terra antes da hora. Lá no interior, de onde venho, o que sei direitinho é que cabe ao agricultor plantar, adubar, regar e esperar o tempo agir para a semente germinar e ver florescer os frutos.

Muitas pessoas ao redor do mundo aplicaram a prática de gratidão e compartilham benefícios por meio de diários de gratidão, escrevendo regularmente sobre coisas pelas quais são gratas. Elas frequentemente relatam um aumento no bem-estar emocional, social e em novos resultados.

## EXERCÍCIO DE GRATIDÃO

Reserve alguns minutos nas manhãs ou à noite para escrever três coisas pelas quais você é grato no dia, ou, se preferir, separe um caderno somente para isto:

Sou grato por _____
Sou grato por _____
Sou grato por _____
Sou grato por _____
Sou grato por _____
Sou grato por _____
Sou grato por _____
Sou grato por _____
Sou grato por _____
Sou grato por _____
Sou grato por _____
Sou grato por _____
Sou grato por _____
Sou grato por _____
Sou grato por _____
Sou grato por _____

*"Na simplicidade da gratidão, desabrocham as mais belas flores da vida."*

## 13. MEDITAÇÃO

Meditar é uma prática milenar que envolve focar a mente em um objeto, pensamento ou som, bem como no próprio exercício, com o objetivo de alcançar um estado de atenção plena ou de tranquilidade mental.

Diversas razões levam as pessoas a meditar, e a prática tem sido recomendada por seus diversos benefícios para a saúde física, mental e emocional. Algumas das razões pelas quais as pessoas meditam incluem: redução do estresse, permitindo que a mente desacelere e descanse do turbilhão de pensamentos diários; e melhoria do foco e da concentração.

Talvez, neste momento, sua mente já esteja dizendo: "Eu não sei meditar! Minha mente nunca para!".

O que explico é que a mente nunca silencia, porém é possível organizá-la, tranquilizá-la e conquistar a concentração mental por meio de práticas diárias.

Para iniciantes, recomendo cinco minutos em silêncio ou com uma música instrumental, observando os pensamentos, sentindo a respiração e buscando serenar e tranquilizar a mente.

## EXERCÍCIO

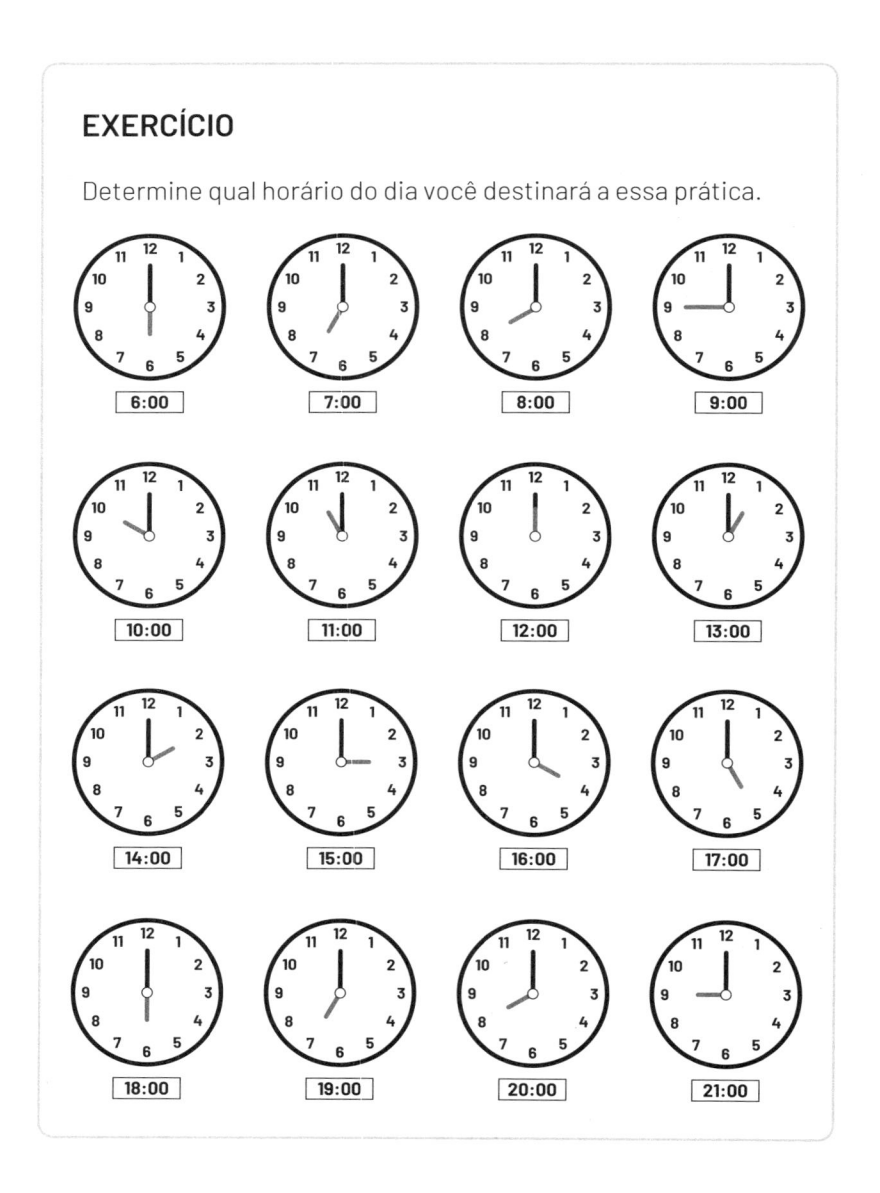

Determine qual horário do dia você destinará a essa prática.

| 6:00 | 7:00 | 8:00 | 9:00 |
| 10:00 | 11:00 | 12:00 | 13:00 |
| 14:00 | 15:00 | 16:00 | 17:00 |
| 18:00 | 19:00 | 20:00 | 21:00 |

*"A meditação é a arte de ouvir o silêncio entre os pensamentos."*

## 14. O POSICIONAMENTO DO SUCESSO

Estamos vivendo um momento em que ouvimos muito a palavra "posicionamento". Ela tem sido usada em diversos contextos distintos: no *marketing*, na comunicação, no *branding*, em estratégias empresariais e até em relacionamentos.

Mas o que ela significa na prática?

No contexto do *marketing* e do *branding*, o posicionamento é a imagem e a percepção que uma marca deseja transmitir ao seu público-alvo; é a forma como você deseja ser percebido pelo outro e oportuniza conhecer sobre você.

Uma vez que você define um posicionamento, fica mais fácil saber o que defende e aquilo sobre o qual não deseja nem se pronunciar. Você passa a reconhecer como deve se comportar, onde deve estar, como se vestir e como se comunicar.

O posicionamento está ligado diretamente aos seus princípios e valores, e para isso precisamos ter sempre uma estratégia clara e objetiva em mente. Como você quer ser reconhecido? Qual imagem quer transmitir? Qual o valor que está diretamente ligado a ela, que pode fundamentar ainda mais seu posicionamento pessoal, empresarial e financeiro?

Quando a empresa que possuo iniciou-se, a Greenn, tivemos uma grande repercussão no mercado do *marketing* digital no Brasil. Eu e meu sócio, Rafael Wisch, analisamos diversas questões na hora da fundá-la, e uma das quais acredito ter sido um marco foi nosso posicionamento, que é completamente pautado em passar segurança, alinhada com tecnologia aos usuários da nossa plataforma.

Muitas coisas foram alinhadas, e uma das que lembro termos levado em consideração foi a forma como nos vestiríamos em eventos, palestras, reuniões ou qualquer exposição pública: usaríamos, sempre, camisa, terno, sapato social, lembrando os bancários – afinal, nossa plataforma também ia lidar com o dinheiro das pessoas.

Tudo foi definido estrategicamente, para passar mais segurança, já que éramos uma empresa nova no mercado. Isso não iria mudar nossa essência, muito menos nossos princípios; ao contrário, iria nos trazer mais força para viver o que desejávamos, e também proporcionar isso para outras pessoas.

Posicionamento é uma peça vital no tabuleiro do sucesso pessoal e profissional. Ele responde às perguntas: como você quer ser reconhecido? Que imagem deseja transmitir ao mundo, seja você um empresário, um *freelancer*, um estudante ou simplesmente alguém que busca melhorar sua imagem pessoal?

Uma boa estratégia de posicionamento pode abrir portas, estabelecer sua reputação e atrair oportunidades; pode fazer você se destacar em um mar de semelhanças e permitir que comunique seus valores, habilidades e paixões de maneira eficaz. O posicionamento correto pode ser a diferença entre ser visto como apenas mais um na multidão ou ser reconhecido como alguém de valor inestimável.

Para isso, você precisa passar por algumas fases importantes para um posicionamento de sucesso. Primeiramente, pelo autoconhecimento; em seguida, pela definição da sua marca pessoal; em terceiro, pelo refinamento do bom posicionamento.

Com o autoconhecimento, você entenderá seus valores, paixões e habilidades. Este é o primeiro passo para criar um posicionamento autêntico e coerente, por meio do qual poderá realizar aquilo que deseja.

Para definir sua marca pessoal, reflita sobre como você deseja ser visto, como quer que as pessoas o observem, como deseja se vestir e falar, que tipo de conteúdo pretende compartilhar, como gostaria de interagir com as pessoas.

Isso pode significar alterações no seu guarda-roupa, em suas redes sociais, em sua forma de falar, não para ser artificial, mas para se posicionar hoje como deseja ser visto amanhã. É uma jornada entre a definição de sua marca pessoal e o constante refinamento, para melhorar todos os dias a forma como deseja ser visto pelos outros e, também, por você mesmo.

Se você se sentir inseguro, busque pelo estilo de outras pessoas e veja como isso se encaixa no seu contexto, não para copiar, mas para se inspirar.

Busque também amigos que estão estudando o mesmo que você, pois os *feedbacks* deles podem contribuir demais no refinamento do seu posicionamento, e adéque-se sempre que sentir necessidade.

Sugestão positiva: Construa um painel de inspiração para visualizar como deseja apresentar sua imagem pessoal. Cole fotos e inspirações que representem como você gostaria de se vestir em suas reuniões e apresentações públicas.

*"Sua marca pessoal é a sombra que você projeta em cada sala em que se apresenta."*

## 15. GERANDO CONEXÕES SAUDÁVEIS

Observo pessoas se aproximando umas das outras e dizendo que não existe interesse algum, mas a verdade é que não é possível gerar conexões sem ter algum tipo de interesse. Seja qual for a aproximação, há algo que interessa às duas partes.

Por exemplo, se você vai se conectar com um amigo, seu interesse pode ser o desejo de que ambos vivam bons momentos juntos, que possam ir a festas, conversar, divertir-se ou simplesmente ter alguém com quem contar.

Se você deseja viver um relacionamento amoroso, ao se aproximar de alguém em um primeiro momento, o que pode despertar-lhe interesse talvez seja a aparência física, mas o que irá observar depois é se a pessoa tem interesses semelhantes aos seus.

Quando você compra um curso, uma mentoria ou faz uma faculdade, seu interesse é adquirir aquele conhecimento específico, ter determinado diploma ou obter resultados dali.

Em uma reunião de negócios, você deseja formar uma parceria, sociedade, fechar uma venda ou comprar um serviço ou produto.

Mas o central nas aproximações não é o foco em si mesmo, mas, sim, no outro. O que motiva a outra pessoa? Quais são os interesses dela? Quais são os princípios que ela segue? No que ela está focada? E, principalmente, de que maneira você pode contribuir com os objetivos dela?

Assim como você tem seus interesses, a outra pessoa também os tem. Para haver uma conexão, ambos não precisam ter necessariamente os mesmos interesses, mas estes precisam ser complementares e estar em ressonância.

Todos, inclusive eu e você, estamos conectados porque existe um interesse em comum. Ao ler este livro, seu interesse é entender como a sua ambiência pode transformar a sua vida, trazendo-lhe novos resultados, conexões e faturamentos. Meu interesse é ver vidas impactadas positivamente, despertar a força da realização por meio de minhas experiências e vivências, encurtar jornadas para que meus leitores e alunos possam se sentar às melhores mesas e desfrutar de uma vida e de relacionamentos prósperos.

Ter interesse não é algo ruim. Ao contrário, é ter clareza do que se quer, dos próprios objetivos, e estar ao lado de quem compartilha disso. Não significa perder a essência ou personalidade, mas, sim, ser estratégico e inteligente.

No mundo em que encontramos pessoas vivendo a fase "Deixa a vida me levar", diferenciam-se aqueles que sabem quais são seus interesses, aqueles que seguem na direção deles e não aceitam viver menos que isso.

Fico feliz de acompanhá-lo, de o ver focado em seus objetivos, pois há alguns anos fui eu quem decidiu mudar minha ambiência, que mergulhei em aplicar o que li nos livros, que investi em conhecimentos e ações.

Você é plenamente capaz de se conectar com quem deseja, pois está aqui investindo em si, aprendendo como fazer isso. Então anote isto: *Para eu me conectar com quem desejo, preciso aprender a ouvir e a servir.*

São atos simples, quase esquecidos pelas pessoas em tempos modernos, mas de fundamental importância. Não enxergue ninguém como sendo inferior ou superior a você, pois todos têm a mesma importância. A única coisa que muda são seus resultados.

Tenha em sua mão um filtro, treine sua percepção. Se sentir que a pessoa com quem deseja se conectar é superior a você, nunca conseguirá ter um vínculo com ela. Saiba o seu valor: você não é superior nem inferior a ninguém.

Respeite o outro, compreenda seu espaço, importe-se verdadeiramente com ele, queira conhecer sobre a história dele, sobre os princípios dele, sobre os objetivos dele, e entenda como você pode contribuir com quem está querendo fazer uma rede.

Praticar conexões é estar ao lado de quem tem interesses comuns, e os interesses não precisam ser exatamente os mesmos, mas, sim, compatíveis e complementares.

Seja interessante sempre, viva a sua vida de forma que o faça feliz, tendo boas histórias para contar. Importe-se com as pessoas, e isso irá gerar o desejo e o interesse de todos de querer estar ao seu lado.

## EXERCÍCIO

Escolha uma pessoa que você julgue interessante, marque uma reunião com ela e tenha uma escuta ativa. Dedique-se a fazer perguntas inteligentes. Importe-se com ela, seja respeitoso, ouça com atenção o que ela diz e, dentro do assunto, faça perguntas.

Liste algumas perguntas que você pode utilizar para iniciar a conversa.

- 
- 
- 
- 
- 
- 
- 
- 
- 
- 
- 

*"Em cada nova conexão, um universo de possibilidades se desdobra."*

## 16. O GRANDE ERRO NA COMUNICAÇÃO

Pensei bastante se criaria este capítulo, se seria bom levantar a poeira de um assunto delicado, e percebi que sim, que saber o que não fazer é tão importante quanto saber o que fazer.

E já antecipo que isso não é exatamente algo que ocorreu por causa de um comportamento específico ou direcionado para alguém, mas foram tantos eventos e reuniões em que presenciei isso que vejo a necessidade de falar sobre o assunto.

Vi gente sendo extremamente respeitosa. Entretanto, percebi um número significativo de pessoas alvoroçadas, trocando os pés pelas mãos, forçando intimidades que não existiam, entrando no meio de conversas, falando sem parar, ou, no pior dos casos, aproximando-se, indo direto ao que tinham interesse de conquistar ou apresentar. Mesmo que tivessem acabado de falar "oi" ou apenas sessenta segundos de fala, entravam logo naquilo que tinham interesse em "ganhar" e se beneficiar.

Elas lembram aqueles momentos em que as crianças se jogam no chão e não escutam nada, só querendo receber o "sim" instantaneamente. Despejam seu interesse em cima do próximo, como se ele tivesse obrigação de atender a seu pedido, de fazer a vontade delas, seja conhecer um projeto, um infoproduto, um serviço, seja iniciar um relacionamento.

Não estão abertas para ouvir, para conquistar. Agem com uma única intenção: ser ouvidas, mesmo cometendo indelicadezas, sendo invasivas. Não percebem o egoísmo e a imaturidade em seus relacionamentos e negociações.

Pensam em conseguir logo o que desejam, mas esquecem que os relacionamentos bons, sólidos e duradouros são construídos com tempo, respeito, escuta, percepção, dedicação e conquista.

E o que precisamos entender na hora de fazer uma nova conexão?

Primeiro, evite ao máximo pedir, insistir que a pessoa atenda ao seu desejo, invadir espaços, forçar intimidade, pois, fazendo isso, você até pode aumentar as chances de ser ouvido, mas também corre o risco de ser tachado de indelicado e "pidão".

Segundo, pratique o segredo que mudou minha vida: dedicar-se ao outro, conhecê-lo, ouvi-lo, entender seus interesses e, a partir dos interesses dele, auxiliá-lo a chegar aonde ele deseja.

Esse tempo também é perfeito para você analisar se aquilo que pensa sobre o outro é real, observando também se é o tipo de parceria, sociedade ou relacionamento que você deseja manter na vida. Isso vai além de número de seguidores, *status* social, dinheiro investido em banco...

Tenho relacionamentos sólidos e fortes com pessoas íntegras, sensatas, cheias de sabedoria que não vivem isso, mas que não abro mão de ter em minha vida. O motivo é óbvio: interesso-me por quem elas são em essência e gosto de aprender com elas.

Não vivo focado só no meu objetivo. Eu me importo com as pessoas com quem me conecto e busco formas de falar sobre quem sou, sobre o que quero, seguindo um ritmo natural, sem ir direto ao ponto e sem as assustar.

Quando estamos conversando, estou ali de verdade, independentemente de quem seja; realmente estou praticando a atenção plena. Como nos tempos atuais as pessoas pouco escutam, ao sair da conversa normalmente elas saem felizes, sentem-se valorizadas, porque me importei com quem cada uma é como ser humano, não com o que pode me oferecer.

Sei que a frase "ser interessante antes de ser interesseiro" tem muito peso, porém tem de ser aplicada no dia a dia, até porque eu não faria negócios com alguém ou o chamaria de amigo se me tratasse bem e desfizesse de um garçom ou de quem tivesse um serviço que ele julgasse inferior ao seu.

Nas páginas anteriores, deixei exercícios para que você os aplicasse. Nesta, porém, indicarei o que você jamais poderá fazer na construção da sua ambiência:

- Evite abordar as pessoas apenas quando precisa de algo delas.
- Não invente ou crie um personagem para que as pessoas gostem de você.
- Não fale sem parar.
- Não julgue as pessoas.
- Não perca seu tempo falando mal da vida dos outros.
- Não force os limites e o espaço do outro.
- Não seja impaciente.
- Não aborde alguém que não o conheça, falando sem parar de você.
- Não se esqueça de ser respeitoso e de respeitar a hierarquia.

*"Conexões verdadeiras florescem na terra do respeito mútuo."*

## 17. CONSTRUINDO SEU CAMINHO PARA A MENTE MILIONÁRIA UTILIZANDO A COMUNICAÇÃO

Se queremos ter uma mente milionária, precisamos ampliar nossa rede e construir uma nova ambiência na comunicação. É necessário ter uma comunicação genuína, um estilo autêntico e transparente, com o qual nos expressamos de maneira honesta, clara e respeitosa. Isso envolve compartilhar pensamentos, sentimentos, necessidades e desejos de maneira sincera, sem mascarar ou esconder informações importantes.

Essa forma de comunicação é fundamental para construir relacionamentos saudáveis, tanto pessoais quanto profissionais. Contudo, sempre é válido lembrar que, para nos comunicarmos bem, precisamos estar atentos, sentir qual a melhor hora para falar e a melhor hora para silenciar.

Quer se aproximar pessoalmente de um mentor que você admira na internet? Torne-se seu aluno, dê resultados, participe do *mastermind* dele, interaja respeitosamente com ele, sendo você mesmo.

Tenha uma comunicação verbal e não verbal alinhada, para que, antes mesmo de abrir a boca, você já tenha mostrado um refinamento, um cuidado e uma preparação para estar com o próximo.

Podemos ampliar estudos sobre a personalidade e conhecer sobre os perfis comportamentais, compreendendo que as pessoas têm uma forma quase previsível de agir, falar e pensar, inclusive nós mesmos.

Existem várias teorias e modelos que categorizam e explicam esses perfis. Elas analisam os indivíduos de acordo com diferentes características e traços. Um desses estudos é chamado DISC, com suas quatro categorias:

- Os *dominantes* são pessoas mais assertivas, buscam resultados; são líderes naturais, mais diretos, e, ao conversar com eles, você precisa de uma postura segura, apresentar resultados, ser prático e não temer a postura deles de governante e autoridade.
- Os *influentes* são os comunicativos, sociáveis, sorridentes e comunicadores naturais; não passam despercebidos e amam isso. Como gostam de palcos, crie situações em que eles possam se sentir em um ao conversar com eles; importe-se em conhecer a história deles.
- Os *conformes* são pessoas detalhistas, amam processos e normas, gostam de entender como as coisas funcionam. Ao conversar com elas, apresente isso, mostre o processo, a jornada, e deixe-as à vontade, pois elas se sentem bem sendo mais reservadas.
- Os *estáveis* são bons ouvintes, amam harmonia, têm a paciência, como sua melhor amiga. Como transparecem serenidade, ao conversar com eles busque ter tranquilidade e criar uma atmosfera harmônica.

Existem também outros estudos, formas de avaliar seu perfil e de outras pessoas ao seu redor, mas nada substitui a sua *percepção*, sentindo o nível de abertura que a pessoa está disposta a lhe oferecer naquele momento.

Talvez você não se conecte realmente com ela ou, quem sabe, se continuar lapidando em si seus objetivos, cuidando dos seus projetos e sonhos, quando menos esperar tenha essa pessoa ou outras ainda "melhores" sentadas diante de você.

Imagine a comunicação como um semáforo: quando você sai de casa, não encontra todos abertos ao mesmo tempo, não é mesmo?, mas nem por isso você deixa de dirigir ou de sair de casa. Então não é porque alguém não quis conversar com você ou foi pouco receptivo que deve levar para o lado pessoal, achando que o problema é com você.

Tenha como princípio ouvir genuinamente, desenvolvendo uma escuta ativa, pois, assim, será sempre lembrado. As pessoas amam falar sobre elas, sobre seus interesses, sobre resultados, e, quando conseguimos criar uma abertura para isso, elas se sentem importantes.

Raramente as pessoas têm tempo para fazer isso. Normalmente atropelam a conversa, querendo chegar logo ao que lhes interessa. Mas um bom diálogo e uma boa parceria não se constroem assim; vêm com o tempo, com respeito e com dedicação.

Seja interessante, importe-se com o outro, entenda o universo dele, crie conexões, esteja presente enquanto ele fala, de corpo, mente e atenção, deixe-o sentir-se à vontade. Observe que, quando as pessoas chegam com intensidade demais até você, seu instinto natural o convida a se retirar.

> Escreva quais pontos da sua comunicação você precisa melhorar. Exemplo: comunicação verbal, comunicação não verbal, escuta ativa, gerar pontos de conexão, entender mais sobre a personalidade do outro, superar a timidez.
>
> _____
> _____
> _____
> _____
> _____
> _____
> _____
> _____
> _____
> _____
> _____

*"Fale com autenticidade, ouça com atenção, construa conexões verdadeiras."*

## 18. OS TRÊS PASSOS DA COMUNICAÇÃO DE SUCESSO

Uma comunicação de sucesso exige três passos básicos: escuta ativa, clareza e honestidade. Vejamos cada um deles.

- *Escuta ativa*

Prestar atenção ao que o outro diz, com foco, sem nenhum tipo de distrações mentais, como celular, computador ou televisão. É uma prática que demonstra respeito, empatia e interesse genuíno pelas preocupações e perspectivas do outro.

- *Clareza*

Clareza na comunicação é um exercício de refinamento constante, que só acontece após a escuta ativa, compreender o que o outro diz, analisando como diz, para só então falar, buscando expressar-se sem excessos de informações e indo direto ao ponto, com elegância e respeito.

- *Honestidade*

Tudo que é conquistado sem honestidade custa caro; por isso, agir com sinceridade consigo mesmo e com o outro é mais rico, próspero e constrói relacionamentos pessoais e profissionais mais fortes. Ninguém precisa inventar a roda para ser aceito; pessoas honestas e autênticas alcançam facilmente respeito, reconhecimento e principalmente se destacam por sua integridade e responsabilidade. Seja fiel aos seus valores!

## EXERCÍCIO

Prática de comunicação especialmente projetada para alguém que deseja treinar e melhorar suas habilidades de comunicação. Passos do exercício:

1. Convide um amigo de jornada: uma pessoa em que você tenha segurança, empatia, ou sinta tranquilidade para iniciar a nova comunicação. Comece uma conversa, lembrando-se de que é um ambiente seguro para praticar, mesmo que seja com um desconhecido, porque você é capaz de novas conexões.
2. Faça perguntas: comece uma conversa, como você faria normalmente, fazendo perguntas, e, a partir do que escutar, faça comentários breves ou novas perguntas.
3. Desenvolva uma escuta ativa: concentre-se e ouça ativamente, demonstrando interesse genuíno nas respostas do seu parceiro.
4. Compartilhe experiências: enquanto a conversa continua, compartilhe algumas das próprias experiências, relacionadas aos tópicos discutidos. Isso ajuda a criar conexões.
5. Treine: comunicação é treinável. Tenha esse lema de vida!

*"Ouvir com atenção é a essência da comunicação."*

## 19. GERE RECIPROCIDADE

Reciprocidade é um princípio ou conceito que envolve uma troca mútua de favores, atos, sentimentos entre pessoas. É uma forma de interação em que ações são respondidas de forma semelhante, criando um ciclo de troca e equilíbrio nas relações humanas.

Ela está presente em diversas culturas ao redor do mundo, desempenhando um papel importante na forma como as pessoas interagem e se relacionam umas com as outras; pode ser observada também nas relações de equilíbrio entre o dar e o receber.

Observe que, quando alguém faz uma ação naturalmente, o outro corresponde com outra ação; naturalmente boas ações trarão outras boas ações, da mesma forma que ações negativas provavelmente trarão resultados negativos.

A reciprocidade também desempenha papel significativo na construção de confiança e no fortalecimento dos relacionamentos. Quando as pessoas percebem que suas ações são consideradas justas e equilibradas, gera-se um senso de confiança na interação com os outros.

Esse conceito é comum em várias áreas da vida, como em relacionamentos pessoais, amizades, negócios; trata-se da parte fundamental da cooperação e da construção de conexões interpessoais, uma vez que cria um senso de confiança e obrigação mútuas.

Por exemplo, em um relacionamento amoroso, a reciprocidade pode ser vista quando ambos os parceiros demonstram afeto, cuidado e apoio um pelo outro. Nos negócios, a reciprocidade pode ser observada quando as partes envolvidas colaboram e oferecem benefícios mútuos para alcançar objetivos comuns.

> Escolha três pessoas para desenvolver um vínculo de reciprocidade e escreva o que você irá fazer para gerar essa conexão:
>
> **1**
> Nome: _____
> Ações: _____
> _____
>
> **2**
> Nome: _____
> Ações: _____
> _____
>
> **3**
> Nome: _____
> Ações: _____
> _____

*"A reciprocidade é a mais poderosa ferramenta para ter ajuda e alcançar seus objetivos."*

## 20. UTILIZE O STORYTELLING

Provavelmente você já ouviu falar na palavra *storytelling*, que, traduzida para o português, significa "contar histórias"; porém, não qualquer história, mas uma que conecte, que se encaixe com o ambiente narrado, com a faixa etária e com os objetivos dos ouvintes.

É uma técnica poderosa de comunicação que deve ser utilizada com sabedoria, sendo uma oportunidade não somente de falar, mas também de direcionar o que queremos que as pessoas sintam a partir do que está sendo narrado.

Sempre que é contada uma história, existe um direcionamento na mente das pessoas; é o que você quer que elas pensem sendo usado na prática. Só de ouvir frases como: "Vou lhe contar uma história..." ou "Há muito tempo...", elas se abrem para ouvir, deixando as resistências de lado, e entram em um modo de descontração; como consequência, você consegue acessar seus pensamentos sem objeções.

Sem contar que, por meio do encanto da narrativa, você se torna inesquecível, criando uma legião de fãs que vão ansiosamente esperar para conhecer mais sobre você, sobre suas aventuras, sobre seus sonhos, seus desafios e próximos passos.

Desenvolver a autoconfiança e a segurança para esse momento é fundamental, porque aqui você é o criador de conteúdo, não o consumidor de conteúdo. Então, estará disposto a confiar nas próprias histórias, tendo a certeza de que elas serão uma espécie de antena que aproximará aqueles que buscam exatamente pelo que você tem a entregar.

A narrativa por si só dá autoridade para quem conta, sendo usada para trazer ensinamentos, informações, apresentações, propagandas, anúncios, e consequentemente aumenta a confiança das pessoas para comprar seus serviços e produtos, trazendo autenticidade e gerando desejos sobre sua marca pessoal ou da sua empresa.

As histórias têm o poder de envolver o público, criar empatia, transmitir mensagens complexas de forma simples, seja em textos, vídeos, livros, seja em palestras.

Culturalmente, a sociedade cresceu ouvindo histórias, por meio de líderes políticos ou religiosos, pais e professores, o que deixa o ouvinte sentindo que quem conta histórias hierarquicamente é superior (mesmo que inconscientemente).

Uma vez ouvi de uma contadora de histórias que o cérebro tanto de quem conta a história como de quem a ouve entra em sincronicidade; por isso, existe uma ligação tão forte entre ambos que o cenário descrito se torna emocionante e real.

Ela relatou também que, depois de anos buscando compreender o que acontecia nessa atmosfera tão realista e encantadora das narrativas, descobriu que o cérebro fica repleto de ocitocina e serotonina, hormônios da felicidade, e ativa instintivamente sentimentos de amor, respeito e estado de presença, o que gera a sensação de "eu nunca senti nada semelhante", ou "essa pessoa contou a minha história".

Contar uma história de forma consciente, sabendo o que deseja alcançar, faz com que o ouvinte se identifique com ela, sinta-se amado, respeitado e feliz por ver que alguém superou desafios, medos e dores tão semelhantes aos dele.

Aí está o segredo para aumentar a própria autoridade, as vendas, pois as pessoas realmente baixam as barreiras de resistência ao ouvir histórias; porém, é importante saber quais histórias usar, conhecer bem o público e treinar a narrativa.

Ao escutar qualquer história, vivemos a realidade do personagem, sentindo-nos sua imagem e semelhança, porque facilmente nos identificamos com ele no cenário da vida.

Há momentos em que somos protagonistas, encontrando vilões ou problemas que parecem quase impossíveis de ser superados; em outros, nos deparamos com a superação e aprendizados da moral da história vivida.

Como já disse anteriormente, existem histórias desafiadoras de passar e maravilhosas de contar, mas também existem histórias boas de passar e quase impossíveis de contar. Pense comigo: quais foram suas maiores superações?

Provavelmente aí estão as melhores histórias que você pode contar!

Conte nas próximas linhas sua melhor história:

_____
_____
_____
_____
_____
_____
_____
_____
_____
_____
_____
_____
_____
_____
_____
_____
_____
_____
_____
_____
_____
_____

*"Histórias são chaves para a memória
e o coração do ser humano."*

## 21. CONSTRUINDO SUA NARRATIVA

As narrativas seguem uma estrutura-base. Poderia citar para você a conhecida "jornada do herói", mas meu objetivo é convidá-lo para a ação e para que, hoje mesmo, grave um vídeo ou escreva um texto seguindo uma estrutura:

- *Começo:* inicie descrevendo onde se passa a história, apresentando características do "personagem" principal (que pode ser você ou outra pessoa) e usando adjetivos para deixar ainda mais fácil de o ouvinte/leitor prestar atenção. Esse é momento de estar seguro sobre o que falar, porque é também quando o cérebro decide se irá ou não prestar atenção na história. Se você decidir contar uma história da sua infância, descreva como era o bairro ou a cidade onde morava, quais eram suas motivações, o que gostava de fazer, quais eram seus sonhos.
- *Meio:* normalmente aqui surge um desafio a ser superado; pode ser alguém que o está provocando ou mesmo implicando com você, seus medos e angústias, a falta de dinheiro ou de recursos para chegar a determinado objetivo.
- *Fim:* é quando se tem uma ideia genial, inspirada por uma força superior ou por uma pessoa que aparece decidida a auxiliá-lo e traz os aprendizados e a superação do vencedor.

Sua postura deve estar alinhada, porque, além de transmitir para quem assiste que você está seguro e confiante do que está apresentando, seu corpo o deixará sentir-se emocionalmente mais preparado para o momento.

Se puder, antes de começar uma história, separe um tempo sozinho para respirar, com a postura ereta, permitindo que os pensamentos fluam, e reflita se está pronto para apresentar ao mundo quem você é.

Tenha confiança em si mesmo e abandone comportamentos infantis e frágeis, porque crianças não fazem negócios, e as pessoas não têm paciência com quem se comporta de modo frágil, infantil e fraco. E aqui não estou falando de idade, mas, sim, de posicionamento, decisão, foco e ação, com a clareza de quem sabe o que quer conquistar, não se permitindo dominar pelo medo de falar em público.

Ouse fazer de maneira diferente, libertando-se do perfeccionismo; treine sua comunicação e, se estiver alinhado com seu momento de vida, organize um evento ou palestra em sua cidade, com o tema central do seu trabalho. Quanto mais você for visto, mais será lembrado; quanto mais treinar, melhor ficará.

Confie na materialização do seu sonho, que precisará se tornar um objetivo ao enfrentar seu medo, pois somente assim ele se realizará.

## EXERCÍCIO

Desafie-se a contar uma história! Abaixo criei uma sugestão de como você pode apresentá-la e organizá-la. Use somente palavras-chave que o auxiliem a memorizá-la. Para ser mais fácil, conte uma história sobre você de superação e da qual goste.

Apresente quem é você em uma frase:
Eu sou _____. Trabalho com _____ e hoje vou lhe contar uma história sobre como eu _____
_____.

Início:
_____
_____
_____
_____
_____

Meio:
_____
_____
_____
_____
_____

Fim:
_____
_____
_____
_____
_____

Adapte-a aos diferentes contextos, públicos e tempo.
Quero ouvir você. Por isso, marque-me em sua rede social, para que eu possa acompanhar sua história: **@gabrielrockenbachgr**

*"Nossas histórias moldam nosso destino, e
o poder está em como as contamos."*

## 22. DESCUBRA O VALOR DO SEU ESFORÇO

Um dia me perguntei por que vale a pena persistir, dedicar horas, dias, meses e até anos para a materialização de sonhos, se, afinal, realmente exige dedicação, um processo de transformação pessoal, sacrifício de algumas coisas que em um primeiro momento nos dão prazer.

Então concluí que se dedicar a essa jornada nos enriquece de diversas maneiras: primeiramente, é uma realização pessoal: saber que foi seu esforço, dedicação e um querer profundo que trouxeram os resultados desejados e a colheita de outros ainda maiores do que os imaginados.

Esse plantio e essa colheita nos fazem agradecer e valorizar ainda mais nossos esforços, nossas paixões, nossos valores, e até conhecer nossos limites. É uma espécie de combustível para viver que nos mantém focados, incrivelmente determinados e prontos para fazer o que precisa ser feito.

É viver bem mais que a média, inspirando outras vidas, mostrando que outras pessoas também podem atingir seus resultados. Isso nos faz construir uma rede de relacionamentos ainda mais forte, afinal permanece ao nosso lado quem acredita com a gente e também, em certo sentido, se transforma ao ver nossas transformações.

Posso perceber que o que queremos de verdade não é o dinheiro, mas, sim, o que ele proporciona; por exemplo, o dia em que vi meu sócio ter a possibilidade de levar a filha ao melhor hospital da cidade. Ela estava com um problema respiratório, e, após passar por alguns médicos que não solucionaram o caso, decidiu levá-la ao melhor médico da cidade, o mais conceituado, que imediatamente a encaminhou para o hospital, onde ela ficou internada por alguns dias e passou por momentos bem difíceis. E o que teria acontecido se ele não tivesse dinheiro suficiente para dar o melhor para sua filha?

A ambiência está em tudo, em como transformar seu corpo, sua mente, sua conta bancária, sua forma de ver o mundo. Dedique-se todos os dias, com paciência e foco, afinal a ansiedade só gerará desespero e atraso na realização dos seus objetivos.

Mudei tudo em minha vida, de cidade, de estado, de carreira, de estado civil, aplicando tudo que aqui ensino a você, e posso lhe garantir que cada esforço valeu a pena, e pude confirmá-lo ao olhar para o processo que vivi ao lado da minha companheira.

Lembro-me com alegria dos momentos que passamos juntos. Acompanhar o período de gestação de minha esposa e ver o nascimento da minha primeira filha, sem sombra de dúvida, foi uma das coisas mais emocionantes que vivi. Foi tudo tão intenso, tão raro e bonito que pude pensar ainda mais sobre quanto a vida humana é sagrada e preciosa.

A Mel, minha filha, anunciou que estava chegando ao mundo enquanto eu estava trabalhando, fazendo uma transmissão ao vivo, para centenas de pessoas. Minha esposa me alertou para corrermos para o hospital, pois ela poderia dar à luz no carro mesmo.

No caminho, experimentei a maior adrenalina da minha vida. Em pleno horário de pico no trânsito do Rio de Janeiro, na minha cabeça só girava a frase "Fazer o que precisa ser feito", e naquele instante era avisar as pessoas do caminho, pedir licença para ultrapassarmos os carros e chegarmos em segurança para o nascimento da nossa joia preciosa.

Ao lado de quem você acha que vale a pena compartilhar suas conquistas?

Este é um novo movimento, uma comunidade de pessoas que buscam viver o extraordinário e acreditam que nasceram para isso.

A ambiência não se refere somente ao ambiente físico ou social, mas à imersão que você vive na vida, com suas atitudes, buscas, forma de viver e pensar. Ela é o seu molde, como você consciente e inconscientemente age, fala, pensa, veste-se; ela é o conteúdo a que você assiste e que consome, o ambiente que frequenta, as pessoas que estão no seu círculo social, e tudo isso influencia diretamente em *quem você é*.

Trata-se de um assunto sério, que exige constante revisão, pois é o que define quem você é. Não somente de forma negativa, mas também positivamente, a mudança de ambiência lhe proporciona novos resultados, ou simplesmente você manterá os antigos, caso nenhuma mudança seja feita.

Com uma aplicação consciente do que a ambiência lhe traz, você terá novos resultados financeiros, emocionais, profissionais e de felicidade em sua vida. Mas nada disso irá acontecer se guardar este livro na prateleira e não aplicar seus direcionamentos.

> Escreva para si mesmo um contrato de compromisso:
> Explique por que essa aliança com o futuro é importante.
> Coloque as cláusulas e como irá seguir a partir de hoje. Assine, honre por você mesmo o seu compromisso.
> Bom trabalho!
>
> _____
> _____
> _____
> _____
> _____
> _____
> _____
> _____
> _____
> _____

*"Valorize o esforço, colha conquistas  
e inspire transformações."*

# CONCLUSÃO

O ser humano tem vivido momentos em que o estresse e as demandas parecem ser esmagadores; a comparação tem se tornado automática. Vive-se dizendo que falta algo, e nisso se perde de vista a alegria do instante presente.

Não há como lutar contra o tempo, e respeitá-lo não significa não agir e ficar paralisado esperando que as coisas magicamente aconteçam, mas, sim, equilibra-se entre a ação e a espera.

Não seja um empresário que cai na armadilha de achar que tudo é fácil e rápido; tudo que é bom exige uma construção, em que podemos lapidar um sonho ainda melhor do que imaginamos ser.

O sucesso não vem do sacrifício, de abrir mão de estar com quem importa, de brigar com quem amamos para mostrar quem nos tornamos ou o que desejamos, mas, sim, do equilíbrio inteligente da vida, em que a paciência se torna uma boa aliada.

Seu triunfo é completamente influenciado por sua ambiência, por suas decisões, por aquilo que você está disposto a realizar e a se posicionar, por lugares e experiências que está inclinado a conhecer e a estudar.

Seu futuro não é ditado por suas condições, e sim por suas decisões. Então, não tema mudar e estar com aqueles que fazem sentido para a construção e nutrição do seu caminho que envolve a sua felicidade. Não desista se algo que você planejou der errado, ou aparentemente deu errado, afinal tudo coopera para o cumprimento da sua missão.

Você não está atrasado, está dentro do tempo correto, pois reclamar e ficar ansioso não lhe dará aquilo que deseja, muito menos irá acelerar o resultado. Se deseja mudar e obter resultados exponenciais, todos os segredos foram compartilhados neste livro.

Haverá momentos em que você precisará focar mais no que deseja materializar; no entanto, leve sempre em consideração que, aplicando a "tríade da ambiência", você colherá o resultado que deseja, e até o tempo do estado atual para o estado desejado será reduzido.

Se estivermos 24 horas somente focados no serviço e na "mão na massa", doenças e a falta de crescimento estão sujeitos a aparecer. Pode parecer contraditório, afinal aprendemos que, para prosperar, é preciso muito trabalho, quase chegando à fadiga.

Mas quero lembrá-lo de que precisamos agir guiados pela sabedoria, tendo-a como uma melhor amiga. Encaminhamo-nos para a conclusão deste livro, que não foi escrito para ficar parado em uma prateleira, mas, sim, para ser um material de apoio a ser revisitado e reescrito por você.

Neste livro, eu quis mesclar o que mudou a minha vida, me trouxe resultados, me levou a agir, com a individualidade do ser humano. Considerando que cada indivíduo é único, reservei ao longo dos capítulos um espaço para você escrever seus planos, projetos e ações.

Essas duas coisas alinhadas serão seu DNA de sucesso; então, baseia-se naquilo que você deseja ser, ter e fazer, alinhado à *tríade da ambiência: ambiente, conteúdo e pessoas*, e aproveite o presente e suas possibilidades de alegrias.

Fortaleça sua ligação com a espiritualidade, seu relacionamento com sua família, sua saúde e seus amigos, tendo sempre ao seu lado pessoas com quem você possa contar. Seja qual for o seu desejo, divirta-se ao construir seu império, mantendo-se fiel aos seus valores, sabendo qual a direção correta a seguir.

Como você deseja estar física, emocional e espiritualmente nos próximos anos? Quais são seus princípios e qual a conduta que se orgulhará de ter seguido?

Nenhum corpo forte se constrói em um dia, nenhuma mente blindada é forjada em uma noite, nenhum projeto milionário é concluído em uma semana; então, invista seu tempo naquilo que é importante para você.

Empenhe-se em aplicar o que este livro oferece, pois, por meio desse esforço, você encontrará e construirá a paz que há tempos deseja. Essa paz não é a ausência de conflitos na jornada do sucesso; é a paz de quem sabe que está seguindo o caminho certo.

Dedique-se a ser perito da própria vida, a tomar suas decisões assumindo as responsabilidades que cabem a cada uma delas. Conheça a si mesmo, seus pontos fortes e vulnerabilidades, permanecendo alinhado aos seus objetivos.

Este material foi elaborado para ser um guia para auxiliá-lo nas suas mudanças, para que se mantenha seguindo em frente, com o foco nas metas previamente estabelecidas.

Tenha uma missão maior do que você mesmo, algo que o faça acordar mais empolgado; algo que o faça querer estudar, conhecer, estar em contato com um maior número de pessoas; algo que o desafie a mudar de ambiente; e, principalmente, algo que faça as pessoas quererem ouvi-lo.

# MENSAGEM DO AUTOR

Meu querido leitor, que honra ter você comigo para construirmos juntos a sua vida com base nos preceitos de *Os 3 pilares da mente milionária*.

Seguindo a leitura deste livro e o passo a passo dele, você tem acesso a um processo imersivo, capaz de acelerar seus resultados de maneira extraordinária.

Ele é um mapa da riqueza, do dinheiro e de como você pode transformar e impactar vidas, iniciando pela sua.

Tenha uma crença positiva sobre o dinheiro, saiba que quanto mais dinheiro você tiver, mais vidas consegue ajudar.

Espero você em minhas redes sociais para que eu possa ver os resultados que vem alcançando.

Com profundo respeito pela sua jornada,
o seu mentor,

**Gabriel Rockenbach**
@gabrielrockenbachgr